Traité de Jiu-Jitsu

A. BUVAT

Enseignement Méthodique et Pratique du JIU-JITSU

(LUTTE JAPONAISE)

ILLUSTRATIONS D'APRÈS NATURE

ATTAQUES, PARADES
DÉSÉQUILIBRES SUR ENTRÉES DE BOXE
ET RIPOSTES SUR PRISES DE LUTTE

JEAN DURAND & Cie
IMPRIMEURS-EDITEURS
42, Rue des Vinaigriers, 42 — PARIS

ASSOCIATION RÉGIONALE

des Sociétés de Gymnastique, de Tir et d'Education Militaire

des départements de Seine-et-Oise, Seine-et-Marne et Oise

Fondée le 21 Septembre 1884

MÉDAILLE D'OR A L'EXPOSITION DE 1900.

Siège Social : 89, Boulevard Voltaire. — PARIS

Paris, 20 Février 1910.

Mon cher Monsieur,

J'ai lu et relu votre ouvrage. J'ai essayé de pratiquer certains de vos exercices pour en mieux apprécier la valeur.

J'ai commenté et étudié avec un intérêt tout particulier chaque ligne, chaque phrase, écrites avec tant d'à-propos et de compétence par le docteur J. Murol.

Placé sous les auspices d'une gymnastique brutale d'attaque et de défense, votre livre aurait peu de chance de succès, car il n'innoverait rien et aurait contre lui les familles ; vous avez su, au contraire, en faire un jeu de grâce humaine, un sport utile d'agilité et mieux encore, vous en avez tiré le côté moral, sur lequel j'ai moi-même basé ma méthode pendant ma longue carrière d'éducateur physique de la jeunesse.

D'ailleurs, tout votre travail tient dans ces quelques mots du docteur J. Murol, que je me plais à citer à nouveau : « Il n'est pas de bon sport qui ne « soit aussi du sport gracieux : et la grâce dans un art « aisé à rendre dangereux, ne peut être complète que « si elle sert d'une double source d'élégance physique « et morale ».

Je termine en vous félicitant bien vivement pour votre travail ; en vous encourageant à propager l'art du Jiu-Jitsu où vous excellez théoriquement et pratiquement, enfin en vous souhaitant tout les succès que vous méritez pour votre méthode mise à la portée de tous.

Désiré SEHÉ

Inspecteur de l'Education Physique,
Président de la Fédération.

PRÉFACE

L'Esprit du Jiu-Jitsu

par le Dr J. MUROL

Des opinions très erronées ont encore cours, dans le grand public, relativement au Jiu-Jitsu.

On pense que le Jiu-Jitsu consiste en certaines prises très douloureuses, exercées en des points sensibles que les Japonais connaissent seuls. Erreur ; il n'existe dans notre organisme aucun point qui soit mystérieux ; si les Japonais ont pensé à en utiliser en lutte un certain nombre, *c'est tout à fait accessoirement* ; aucun, ou presque aucun de ces points ne sauraient (qu'on veuille bien y réfléchir), être comprimé efficacement sur un homme qui n'est pas fixé, de préférence fixé sur le sol, par une prise adroite et solide ; c'est dans cette prise que gît le problème. On ne peut mettre le classique grain de sel sous la queue du classique moineau qu'après avoir saisi ce moineau.

Une fois un adversaire renversé et fixé, la prise qui met fin au combat n'y met pas fin par une souffrance, mais une impotence durable : un bras est brisé, un pied est tordu, la compression des carotides a fait évanouir l'adversaire, etc...

En assaut, bien évidemment, on simule seulement ces manœuvres, et la situation s'arrête bien en deçà de la douleur réelle. L'homme saisi avec précision se sait et se sent d'emblée vaincu, il se rend, et le vainqueur, *qui a senti sa prise juste*, la modère dès avant le signal de reddition. Nul ne trouve de plaisir en des peines inutiles, ni surtout en des lésions graves. Tout au plus le membre saisi éprouve-t-il un *pressentiment* de la douleur, tout au plus est-on obligé sur un adversaire entêté d'ajouter à ce pressentiment une légère surindication ; mais là, encore une fois, la douleur n'est pas le but ; le but est la simulation de la fracture (ou de tout autre dommage durable). Les accidents possibles, *entre lutteurs exercés*, sont bien plus rares et bien moins graves que les accidents de boxe ou de foot-ball.

Personne ne soutiendra que les fractures de nos membres se fassent en des points mystérieux : un bras se brise le plus facilement au pli du coude ; seule peut-être un peu mystérieuse la pose qui permet de le fixer, mais c'est un problème mécanique et non un problème médical.

Les pressions des ongles, des espaces métacarpiens, des régions sous-auriculaires, des aînes et même des crêtes tibiales, s'emploient excessivement rarement en cours de lutte. Elles demandent une subtilité et une relative fixité peu compatibles avec la lutte ; seules sont décisives les grosses prises, les Japonais ne recherchent qu'elles; (la pression sur la crête tibiale peut seule compter comme un coup final, mais dans une position unique et sur un homme non averti ou très sensible).

On a soutenu que le Jiu-Jitsu devait rendre ses adeptes invincibles, si faibles et si légers soient-ils. Il semble que, telle la femme-torpille, exhibée jadis dans les foires, par le seul contact de l'index le jiu-jitsuan doive faire tressauter et s'effondrer tout adversaire. Erreur ! Le Jiu-Jitsu est une lutte comme les autres : elle exige qu'on emploie à fond ses qualités de souplesse, de vitesse et d'adresse, qu'on se livre ou paraisse se livrer, qu'on roule, enlace et se désenlace, elle demande un lot de qualités beaucoup plus rares que la vraie force, et sa rapidité est une cause de fatigue, tout comme les efforts prolongés dans les autres luttes.

Le Jiu-Jitsu est une vraie lutte, seulement plus savante, plus complète que toutes les autres ; elle utilise au maximum nos quatre membres, son objectif est le plus pratique, elle prévoit toutes les positions, utilise tous leurs avantages, compense l'écart de taille et de poids par des manœuvres insinuantes et ingénieuses, en un mot ajoute aux moyens physiques toutes les ressources de l'intelligence, dans un domaine qui semble seulement être celui des gestes instinctifs, des tâtonnements et des efforts. Elle rend ainsi un homme supérieur à lui même, mais ne prétend pas le rendre invincible. Seuls des virtuoses du Jiu-Jitsu peuvent affronter des adversaires pesant jusqu'au double de leur poids *et plus du double.* On en a vu en Amérique, en Angleterre et à Paris, bien des exemples, que le lecteur trouvera rapportés dans les opuscules de Hancock et d'Apollo ou dans les périodiques sportifs.

II

Le Jiu-Jitsu comporte une étude méthodique des attitudes de l'adversaire ; son inclinaison et sa base nous indiquent comment l'actionner, et dans quel sens il serait tout à fait inutile de l'attirer ou de le pousser. Par base, nous entendons ou le triangle ou la ligne que forment ses pieds. Inutile de pousser l'homme penché en avant. Inutile de tirer l'homme penché en arrière. Si l'homme est penché en avant avec un pied bien avancé (sa base est un triangle à sommet antérieur), le tirer ou le pousser est encore inutile; nous ferons un effet latéral, circulaire même.

Il faut aussi prévoir l'intention de l'adversaire, non pas afin de la contrarier, mais au contraire pour adapter à son impulsion notre effet. Un proverbe japonais dit : « Si tu me pousses, je te tire ; si tu me tires je te pousse ». De cette façon notre effort et le sien s'additionnent à notre profit. Si l'adversaire n'est pas en imminence d'action, nous provoquons chez lui, par une feinte un réflexe : nous feignons de pousser, il résiste, donc il porte du poids en avant : là nous tirons. Nous n'avons pas seulement à prévoir ce réflexe, mais encore le contre-réflexe ; le sujet qui, a eu le réflexe avant, dès que nous tirons renverse son effort (contre-réflexe), s'il le fait assez vite il nous aura déjoué : des tiraillements sans réeultat vont se succéder. Eh bien, ce contre-réflexe marque le temps décisif : *sans le combattre ni l'accentuer nous le détournons* ; à l'adversaire qui, averti inconsciemment, est prêt également en avant et en arrière, nous imposons soudain une traction *latérale*, voire *circulaire* : elle surprend en état de repos les muscles qui pouvaient lui répondre (les muscles du flanc) le sujet que nous ne pouvions ni pousser ni tirer parce que ses réflexes étaient prêts dans le sens antéro-postérieur, s'est laissé déterminer latéralement sans résistance ; c'est avec l'effet latéral que commence son déséquilibre; et quel que soit le sens où la cuhte finisse il n'en est pas moins vrai que sa fin n'est pas le point capital du coup. Pourtant elle reste seule dans l'œil du spectateur ; la chute lui semble dûe uniquement à la traction avant-arrière et au barrage, et s'il veut reproduire le coup de temps il tentera d'emblée la traction dans le sens où il désire la chute: erreur, car l'adversaire a l'esprit préparé et en avant et en arrière. On voit par cet exemple que dans un coup donné, le temps qui frappe le plus la vision et qui reste le mieux dans l'esprit peut n'en être pas le temps principal ; c'est ce que nous avons l'habitude de résumer sans cette formule : *le temps efficace d'un coup n'est pas le temps mnémonique.*

Pour obtenir un résultat, plusieurs actions sont mises en jeu, soit simultanément, soit dans une succession rapide, et alors qu'aucune d'elles isolément ne serait effective, leur réunion est le plus souvent irrésistible. Exemple d'actions simultanées : une traction avec un barrage (traction au parement, pour déplacer le buste, barrage des jambes pour empêcher de récupérer un équilibre), mais deux actions sont peu, quatre actions sont souvent en jeu ([1]) : barrage, traction dans un premier sens, traction dans un second sens et agenouillement. La traction appliquée la première est généralement une traction qui incline (soit en avant, soit en

(Voir « Passement de jambe avant », leçon 17 fig. 61.

arrière), la deuxième est généralement une traction circulaire; elle surprend un ennemi tout entier appliqué à résister à la traction dans le sens antéro-postérieur, concentrant toute sa vigilance, voire toute sa force, dans les muscles du dos ou du ventre, et elle surprend par conséquent dans un état d'indifférence et de relâchement des muscles *latéraux* du tronc qui seuls pourraient lui résister. Il faut avoir pratiqué soi-même, à grande vitesse, ces changements de sens dans la traction pour avoir idée de leur puissance; ils déterminent une chute plus ou moins circulaire de l'adversaire, avec votre jambe barreuse pour centre. L'agenouillement est un procédé original qui augmente la puissance du barrage et de la traction ; si en barrant avec une jambe, de l'autre vous vous agenouillez rapidement, il en résulte : 1° que votre barrage sera placé plus bas (facilement même il sera plus long) ; 2° vos tractions partant de plus bas seront plus obliques, *plus imprévues* ; 3° à la force de votre traction vous ajoutez *l'effet de votre poids ;* cet effet est considérable et il ne coûte aucune fatigue. La traction dans ces conditions est pratiquée non avec des bras contractés, mais avec des bras allongés. Seul l'effet circulaire demande à l'un de vos bras un court effort, encore part-il surtout de votre tronc. Ici encore, on voit que le lutteur japonais travaille avec des muscles lâches ; ses bras sont, le plus souvent, de simples cordes à tractions, seulement avec des mains au bout. Encore les mains doivent-elles ne se crisper jamais sur la prise : l'extrémité des doigts engagée dans le parement suffit pour une traction puissante, *si le sens de la traction est juste.*

Parfois l'attaquant ne s'agenouille pas seulement, mais il se jette lui-même, d'emblée, sur le côté ou sur le dos ; dans ces chutes, non seulement son poids entier entraîne l'adversaire, mais encore lui-même vient se placer *sous* l'adversaire, dans une position favorable pour l'ébranler et le retourner, parfois après l'avoir soulevé. Ces procédés s'appelent en langue japonaise des « sacrifices » (sutemi), parce que l'attaquant, en quelque sorte, sacrifie tous ses avantages pour en obtenir de plus grands. Le plus typique de ces procédés est la Roue [1]. L'avantage de ces sacrifices peut ne pas apparaître d'abord : il semble qu'en tombant le lutteur peut se blesser, qu'il offre à l'adversaire une proie facile ou qu'au moins il ne gagne rien à transporter la lutte à terre. Erreurs ! L'homme léger une fois à terre ne craint pas de voir son adversaire le ceinturer et le projeter, en d'autres termes il ne redoute plus d'être violemment écrasé ; il peut encore être recouvert, direz-vous : non, s'il tient son homme à distance avec les pieds ; non, s'il use de mobilité et se redresse vite. En tombant, vous choisissez votre place, vous vous laissez glisser avec art, votre chute est parée

(1) Voir fig. 62, 63 et 64.

d'avance ; au contraire votre adversaire va tomber de toute sa hauteur et gauchement; bien plus, il sera précipité. Au moment où il touchera le sol votre chute sera déjà terminée, vous serez donc en train de vous relever, c'est donc vous qui le recouvrirez, ou qui encore deviendrez mobile autour de lui; sans compter que la chute à elle seule, sur un sol dur, est une victoire. A terre, l'homme petit, se retournant dans moins d'espace et dans moins de temps, esquive plus vite, varie plus promptement ses attaques et fait le tour de son adversaire plus vite que debout ; en outre, il use de ses quatre membres mieux que l'homme plus grand, car il peut opposer ses jambes à l'adversaire qui ne peut pas lui opposer les siennes ; or, les jambes peuvent atteindre à un degré d'adresse qui les rend précieuses comme les bras. Nous ne soutenons aucunement qu'à terre l'homme le plus faible *doit* l'emporter, mais tant qu'il évite certaines positions, dont il sera parlé dans ce livre, beaucoup de ses infériorités sont diminuées ou compensées.

L'économie de la force se trouve donc obtenue en Jiu-Jitsu, par les combinaisons d'effets, par l'à-propos dans les efforts avec décontraction constante, la substitution des bascules aux soulèvements, l'emploi des calements et des barrages, l'addition du poids de votre chute à des tractions ou encore du poids de votre élan (surtout d'un élan circulaire) dans certains coups, enfin l'usage sagace des jambes [1]. Les jambes servent dans l'attaque pour renverser [2], dans la défense pour écarter, en cours de lutte pour mains effets qui permettent aux bras de rester frais, se réservant pour la clé finale ; enfin les jambes elles-mêmes fournissent cette clé finale dans certaines prises, car elles peuvent briser, étrangler ou étouffer.

Une partie très précieuse de l'art du Jiu-Jitsu, ce sont les entrées : peu compliquées, elles valent par leur exécution, et si elles exercent moins l'esprit, elles demandent par contre plus de pratique et plus de courage, nous dirions volontiers plus de foi. Une entrée bien faite peut donner la chute et la clé, presque en même temps ; souvent la chute seule met hors de combat un adversaire.

Les Japonais semblent s'être spécialement pénétrés de cette notion ; tandis que nous admettons qu'un combat a une durée, les Japonais admettent que la victoire d'emblée doit être le but, et qu'elle est le plus souvent possible.

Aussi travaillent-ils les entrées jusqu'à un degré

(1) Les préceptes donnés ci-dessus n'ont encore été formulés dans aucun livre. Les Japonais enseignent par l'exemple seulement, et les Occidentaux qui ont écrit avec eux (ou même pour eux), n'ont pas assez analysé l'économie des divers coups. Nos locutions : « traction circulaire, détournement, ligne des quatre pieds, etc. » n'existent pas dans les traités anglais ou autres. Nous avons déduit nos préceptes de l'analyse patiente des photographies publiées : Higashi, Arunishi, Uyénishi, Tani, etc., et de l'observation du mode de travail chez un de nos amis japonais. Nous engageons le lecteur à s'en bien pénétrer et à en faire l'application à toutes les figures de ce recueil.

(2) Crochet de pied.

de précision et de promptitude qui ne semblent pas réalisables à priori, et que, séduits par les travaux plus compliqués, les étudiants européens n'essaient pas assez d'acquérir.

Grâce à leur mobilité, leur souplesse et leur coup d'œil, les champions japonais ont toujours pu entrer, sans coup férir, dans les boxeurs qu'on leur a opposés. C'étaient, il est vrai, des virtuoses, mais leurs adversaires, en Amérique, en Angleterre et en Russie, n'étaient pas non plus négligeables.

Que valent ces entrées pratiquées par un adepte de Jiu-Jitsu *de valeur moyenne* contre un boxeur ? Cette question a été discutée presque toujours d'une façon absurde. D'abord aucun mode de combat n'est infaillible ; ensuite, il suffirait au Jiu-Jitsu d'avoir des chances (ne fussent-elles pas des plus nombreuses) pour mériter d'être étudié ; ensuite, tout adversaire n'est pas forcément un bon boxeur, ni surtout un champion de la boxe ; dans certains cas l'entrée n'offre pas de difficulté, par exemple si l'adversaire glisse ou si vous attaquez le premier ; enfin, quel empêchement y a-t-il à ce que le lutteur connaisse la boxe assez pour parer quelques coups, au besoin même les encaisser, et obtenir ce corps à corps qui est si fréquent dans les assauts entre boxeurs et où ils montrent tant de tendances à introduire d'eux-mêmes la lutte ?

Si vous analysez un peu les discussions que vous

entendrez sur ce sujet, vous verrez que les parleurs supposent, à priori, que c'est le lutteur qui est l'attaqué, que ce lutteur ne sait rien de la boxe et que son adversaire est un boxeur puissant, enfin que le knock-out sera obtenu d'emblée, toutes conditions très arbitraires. Ajoutez à cela que les dits ergoteurs n'ont jamais vu un beau travail de Jiu-Jitsu, veulent ignorer ou suspecter tous ses succès, enfin le jalousent comme exotique et lui en veulent d'être trop difficile.

Raisonnablement, on doit admettre que le Jiu-Jitsu, une fois le corps-à-corps obtenu, est supérieur. Supposez un très bon boxeur contre un médiocre, celui-ci bien rarement sera mis knock-out d'emblée, il peut espérer le corps-à-corps; à plus forte raison, entre deux boxeurs d'égale valeur, celui qui saura le Jiu-Jitsu pourra-t-il mettre fin à la boxe dès qu'il voudra.

On a objecté : entrer équivaut à frapper au creux de l'estomac, et frapper ce point est plus difficile, même au boxeur. Nous répondrons que *frapper et toucher sont deux*. Chacun sait qu'un boxeur qui joue seulement à vous toucher avec la main ouverte y réussit mieux qu'en boxant, parce que le coup frappé veut de la force et c'est cette force qui le retarde. Mais raisonner est superflu là où l'expérience a parlé. De très bons boxeurs ont été pris, et trois notamment sous nos yeux (dont un champion de

France des poids lourds), l'entrée en lutte est donc possible. Il n'en est pas moins opportun, il est même nécessaire selon nous, que le jiu-jitsuan apprenne la boxe, comme le boxeur le Jiu-Jitsu. Telle est la véritable morale de toute discussion sur ce thème. Il reste néanmoins ceci en faveur du Jiu-Jitsu : seul, il compense les inégalités de poids. Un homme léger voudrait inutilement tenir tête par la seule boxe à un poids lourd : sa ressource est de recourir au plus vite à la lutte ; inutile de chercher maintenant combien de chances il a de l'emporter, nous sommes assurés que s'il l'emporte. ce ne peut être que par la lutte, c'est donc elle seule qui lui est précieuse. Un petit pays qui ne peut acheter des cuirassés agiterait en vain la question de rivalité entre cuirassés et torpilleurs. Ne pouvant acheter de cuirassés il multiplie ses torpilleurs [1].

Certaines entrées utilisables contre la boxe pourraient servir à la rigueur contre le couteau ; mais cette arme comme le révolver étant, contrairement à la boxe, dangereuse jusque dans le corps à corps, les entrées pratiquées contre elles sont forcé-

(1) Au sujet des rencontres de boxeur et de lutteur, personne jusqu'ici n'a remarqué combien le combat est inégal dans les conditions amicales. Le boxeur sait pertinemment que la clé finale, s'il succombe, est sans danger, et en outre. il n'a jusque là aucun choc à craindre ; le lutteur ne peut être vaincu que par un knock-out douloureux et même, s'il est vainqueur, il peut le payer chèrement ; de là pour lui, une crainte légitime, plus une complication de travail qui n'existe pas pour le boxeur : celui-ci, en face d'un autre boxeur, serait moins à l'aise, car il aurait le souci de parer.

ment un peu spéciales ; *l'objectif premier avec elles ne doit pas être la prise du corps, mais celle de la main qui tient l'arme.* Il va sans dire que là encore le Jiu-Jitsu ne prétend jamais être infaillible, mais seulement être *la moins imparfaite* des défenses ; aux gestes purement instinctifs on doit substituer une tactique, et celle-ci ressort du Jiu-Jitsu.

IV

L'apprentissage du Jiu-Jitsu n'exige pas d'autres qualités que celles qui constituent le bon gymnaste. L'individu rompu à la gymnastique d'agrès possède cette souplesse générale, ce consensus des quatre membres, ce sens raffiné de l'orientation et de l'équilibre, ce sentiment de décontraction si utile à l'agilité, sans lesquels toute acrobatie est impossible. *L'entente des quatre membres et du tronc, le sens de l'orientation et le sens de l'équilibre*, sont trois éléments de la culture physique que la gymnastique dite suédoise, avec son absence de culbutes, sa tête presque constamment haute, ses mouvements lents et ses visées toutes limitées à l'assouplissement sans action ou au développement musculaire sans nulle intelligence nerveuse ne donne jamais. Les théoriciens de la culture physique ont perdu de vue les qualités les plus subtiles, les plus globales, dont l'athlète assoupli se réjouit inconsciemment. Personne n'a signalé, jusqu'ici, croyons-nous, ces avantages de la vieille gymnastique d'agrès, ces lacunes de la gymnastique suédoise ; cela, parce que les praticiens n'analysent pas et parce que les théoriciens ne pratiquent pas. Nous sommes les premiers, croyons-nous, à isoler dans des qualités du gymnaste ces trois facultés principales : *entente générale de tout le corps*, *orientation et équilibre*. Nous reparlerons d'elles à d'autres places, contribuant ainsi, pour notre part, à rénover cette classique gymnastique d'agrès qui est comme l'école de tous les sports.

Dans la lutte au tapis, souvent dans la lutte debout, *l'orientation* joue un rôle capital : savoir comment on est placé, dans un mouvement en tourbillon, et comment on va être placé dans un instant, c'est pouvoir préparer une clé ; il faut aussi, sans le voir, *concevoir* l'adversaire quand il est placé derrière vous, et trouver sa main et son pied sans les regarder ; c'est là un fait d'orientation. Le sens de l'équilibre nous sert également debout, accroupis ou agenouillés, il ne sert pas seulement à reprendre la station debout sans contorsion et sans effort, mais à tomber ingénieusement quand se redresser est impossible.

Quant à l'habitude de décontraction, elle n'est nulle part plus cultivée qu'en Jiu-Jitsu, et les gymnastes les plus souples ont encore beaucoup à apprendre sous ce rapport quand ils abordent le Jiu-Jitsu. C'est grâce à elle et grâce au sens de l'équilibre, que se font ces chutes rapides et douces dont les japonais ont pu dire : « Tomber avec art est un plaisir ».

Il y aurait beaucoup à dire sur l'art des dégagements en Jiu-Jitsu. Nous nous contenterons de ces formules qui indiqueront l'esprit de la manœuvre. *En Jiu-Jitsu, il n'y a pas de parade, mais uniquement des contre-attaques.* Lorsque vous êtes pris dans un piège *vous le faites s'ouvrir* et vous ne cherchez pas à l'ouvrir ; vous y restez, mais vous portez une contre-attaque sur l'équilibre ou sur un membre de l'adversaire. Tenter d'ouvrir le piège serait lutter par la force contre des muscles dix fois prévenus. Quant à la contre-attaque, elle doit être pratiquée par une combinaison d'actions ; son but est de placer l'adversaire dans une situation ou sa prise lui devient inutile et gênante.

V

Notre but étant de donner aux lecteurs, dans cette préface, des aphorismes à méditer pour bien saisir l'esprit des coups dont le manuel donne la description, cette préface deviendra plus claire et plus utile à qui aura déjà lu le livre, et relu, et surtout pratiqué. Mais celui-là, séduit par la logique des coups, désirera faire des prosélytes *surtout parmi les incré-*

dules et pour ce, voudra essayer sur eux des clés ou même des chutes. Nous ne saurions trop le déconseiller. Ou il porte le coup sérieusement, donc avec surprise et vitesse, ou il ne le porte pas sérieusement et il est forcé de le manquer. En effet, l'adversaire prévenu qu'on lui fera un coup, un seul coup, contracte pour peu de temps tous ses muscles et oppose à votre simple effet, qu'il ne peut pas ne pas voir venir, toute sa puissance. Sont éliminés de votre travail l'élan, les effets combinés et la surprise (à moins que vous ne vouliez à tout prix briser son bras ou lui infliger une chute dangereuse). Si vous annoncez à l'avance le coup que vous faites, à fortiori, l'homme attaqué se contracte-t-il avant votre attaque et vous ne pourrez lui faire comprendre, à moins qu'il n'ait le jugement sportif à un degré exceptionnel, que son action devançant la vôtre, les conditions sont renversées et qu'il triche ainsi sans le vouloir.

Si, ayant manqué votre effet (nous supposerons un chassement de pied [1]), vous lui en appliquez de suite un autre (exemple : la roue), celui-là pourra réussir ; mais votre sujet vous répondra : « Je ne m'attendais pas à ce coup-là, cela ne compte donc pas ». Mais si, monsieur, cela compte, et justement cela compte parce que, ne vous attendant pas au coup que nous allions vous porter, vous vous êtes placé sans le vouloir dans les conditions du combat.

(1) Voir figures 55 et 62.

Un combattant, parce qu'il doit s'attendre à tout, ne s'attend plus à rien spécialement, et pour cette cause peut être surpris. Plus l'action devient rapide et plus le nombre de coups qu'on peut penser devient limité, plus donc on peut être surpris. Un assaut n'est qu'une suite de tentatives manquées dont la dernière seule aboutit. Celà est vrai d'un assaut d'escrime, tout le monde le sait : un tireur très fort peut ne vous toucher qu'au dixième coup, et encore pas où il voulait, les spectateurs ne diront pas pour cela que l'escrime est inutile, et surtout on ne demandera pas à l'escrimeur de vous toucher à tout coup et au commandement, juste en un point qu'il annoncera : c'est pourtant ce qu'on demande au lutteur, quant on veut qu'il étende un bras qui sait qu'il va être attaqué. Mais il n'est pas de sujet sur lequel on commette autant d'erreurs de raisonnement, et si grossières, qu'à propos de la lutte japonaise : tout argument dont l'ineptie apparaîtrait s'il s'agissait d'un autre sport, est bon contre elle, et le plus fréquent de ces raisonnements se résume ainsi : « Si votre coup n'est pas infaillible, il ne vaut rien ».

Nous ferons remarquer d'ailleurs que dans ces expériences, en opérant contre un adversaire immobile, nous nous privons de la justesse que donne l'instantanéité, et que bien des fois, en insistant, nous pourrions vaincre, mais que l'adversaire en sortirait gravement blessé : aucune démonstration ne vaut ce prix.

Vous ne pourriez espérer démontrer votre savoir que dans un assaut régulier, et encore à la condition de posséder parfaitement vos coups, grâce à deux semestres au minimum.

En effet, il ne suffit pas de connaître un coup pour s'en souvenir en temps utile ni l'exécuter rapidement.

Au contraire, l'adversaire qui n'usera contre vous que des mouvements les plus instinctifs, et qui peut avoir plus que vous ce qu'on nomme l'habitude du tapis, aura l'esprit plus libre que vous et sera plus libre : le Jiu-Jitsu, tant qu'il demande une réflexion constitue *une gêne* plus qu'un secours. Ajoutons que l'adversaire qui vous aura défié sera généralement plus pesant et plus puissant, enfin que contre quiconque se réclame du Jiu-Jitsu, on croit permises toutes les duretés, toutes les tromperies, et il vous restera peu de chances pour faire triompher une tactique qui ne vaut que par la double vitesse de la pensée et des actions.

En raison de cet inattendu que la réussite d'un coup exige, le jiu-jitsuan (1), dans ses attaques ou ses défenses, doit être le plus mobile, le plus chan-

(1) Nous disons couramment « Jitseur » tout en connaissant les critiques que, du point de vue linguistique, on pourrait adresser à ce terme. Il est commode et nous croyons qu'il s'imposera, De même on dira, croyons-nous, non plus « Jiu-Jitsu », mais « Jitsu ».

geant. Dès que le groupe des deux adversaires s'immobilise, le jiu-jitsuan (ou si tous les deux sont jiu-jitsuans, l'homme le plus faible) est en train de perdre toutes ses chances : dans une situation non changeante, donc vite connue, il n'y a plus de place pour la surprise, et la victoire passe à la force.

Néanmoins, il importe dans l'apprentissage du Jiu-Jitsu de n'étudier chaque coup que *très lentement*, pour le faire juste. Lorsque la justesse est acquise la vitesse vient spontanément : inutile par contre de répéter vite un coup dont on escamotera le temps efficace, ce n'est pas acquérir la vitesse, mais simplement la simuler. L'étude des instruments de musique doit ici nous servir d'exemple.

Il est utile aussi, non de savoir beaucoup de coups mais d'en posséder un petit nombre assez à fond pour les placer sans hésiter. Ce qui ne veut pas dire qu'il faille les apprendre un à un, non, il faut en mettre à l'étude plusieurs, c'est le moyen de ne pas travailler mécaniquement, mais de comparer, donc raisonner.

Mais là se présente un autre écueil : dès que l'on raisonne on est tenté de perfectionner les coups qu'on vient à peine d'apprendre. Ne vous lassez pas de les répéter tels que le maître les a définis, sans prétendre en améliorer même un détail; c'est l'expérience qui, entre toutes les variantes possibles, a fait choisir et conserver tel procédé : le plus souvent l'usage de la bonne tradition est d'être plus simple, donc plus rapide et plus certain. C'est aussi une grande présomption que de prétendre inventer des coups. Ceux qu'on peut reproduire facilement sont tous connus, et les autres, croyez-le, ou sont abandonnés ou demandent de la maëstria, ou bien encore se font avec diverses variantes, dont la vôtre n'est pas la meilleure. Si vous croyez pouvoir inventer de nouveaux coups, c'est que vous vous flattez de pénétrer l'esprit intime de la méthode, et alors votre premier effort ne doit pas être d'accumuler des acquisitions incertaines, mais d'apprendre à bien employer les ressources classiques. Il est remarquable d'ailleurs que l'ingéniosité des élèves ne s'applique jamais à trouver des moyens de chutes, mais seulement des clés inédites et compliquées; celles-ci sont beaucoup plus faciles à composer parce qu'elles ne comprennent qu'un seul temps, tandis que les chutes en demandent plusieurs, etc.

Les élèves ont aussi une tendance à trop négliger les entrées, et cela encore parce qu'elles demandent trop d'observation et de pratique. En un mot, on est trop porté à négliger le travail debout, et, quand on fait le travail à terre, à prétendre le faire autrement qu'on ne l'a appris.

Le Jiu-Jitsu doit être manié avec douceur, non point par élégance morale, si vous voulez, mais dans le but souverainement pratique de ménager vos propres forces, et d'être précis : plus le mouvement est souple et restreint, plus il est juste. Ne pesez jamais sur la prise, ce serait risquer de léser un membre d'un de vos amis; peut-être n'en avez-vous pas cure, mais il sera bien plus instructif d'obtenir ce même résultat sans un effort, et cette raison vous décidera; je compte également, pour vous y aider, sur la crainte de la réciproque. D'ailleurs, si le goût des mouvements doux n'est pas en vous ou inné ou promptement acquis, vous ne serez jamais un bon jitseur. Il n'est pas de bon sport, du moins en Jitsu, qui ne soit aussi du sport gracieux : et la grâce dans un art aisé à rendre dangereux ne peut être complète, que si elle sort d'une double source d'élégance physique et morale.

Les Japonais attachent une importance extrême à l'élégance morale du jeu; ils le regardent comme un art noble, et pour cette raison ses adeptes sont peu soucieux de le divulguer. Les notions de charité et de savoir-vivre dont nous supposons nos lecteurs pourvus, nous dispensent d'insister sur le point de vue moral. Au point de vue physique, nous dirons que le jiu-jitsuan, pour le travail, doit avoir dans le torse la souplesse du cavalier, dans les membres celle du danseur et dans les mains celle du jongleur.

Nous engageons aussi les travailleurs sérieux à ne pas tolérer une parole durant l'assaut, ni de la part d'un des combattants, ni de la part de ceux qui les regardent ; à ne point tolérer ces jeux mêlés de rires, où l'on ne sait si un partenaire se rend ou lutte ; ainsi se produisent des accidents. Entre les leçons aussi il importe de ne pas abonder en conversations théoriques. Ne faites jamais assaut avec des gens peureux, car ils se blessent en se contractant, ou ils vous heurtent en se débattant, ou bien ils rient hors de propos, au lieu de résister ou de se rendre. Ne luttez pas non plus avec des gens brutaux, eux aussi par leur propre contraction peuvent se nuire ; on devinent assez le mal qu'ils vous feront, et, chose curieuse, il vous feront ce mal plus par des mouvements inutiles que dans des clefs.

Certains sportifs, sans être brutaux, ont aussi des mouvements cassants : les éviter. Sont aussi très dangereux, sans le paraître tout d'abord, certains malingres ou non malingres, musculairement non éduqués et quelquefois non éducables, qui ne sachant se rendre compte ni de l'effort que donnent leurs muscles, ni de la tension que subissent les vôtres, forceront une articulation sans s'en douter. L'inéducation de leurs muscles et jointures va même si loin, que fréquemment si vous pratiquez sur eux une clef puissante ils n'auront la notion du danger que lorsqu'apparaîtra la douleur, c'est à dire déjà presque trop tard pour vous prévenir, alors que tout homme exercé a, dès avant la moindre douleur, un pressentiment de l'étirement et du danger. Par la même inéducation, les femmes sont souvent incapables, en dépit de leur craintivité ou de leur renom de délicatesse, de comprendre à temps le danger de luxation qu'on leur impose ou qu'elles imposent; ajoutons qu'elles abusent trop volontiers de la force dès qu'une situation le leur permet.

Certains individus seront dangereux toute leur vie en Jiu-Jitsu, comme à la chasse certains tireurs. Les professeurs doivent tout tenter pour les exclure de leur école, ou tout au moins ne doivent leur permettre de travailler qu'avec eux-mêmes. Aucun élève ne doit être admis à l'assaut avant un an au moins de pratique, et encore les premiers assauts doivent-ils toujours incomplets, nous voulons dire se limiter à la recherche d'une chute ou d'une clé, ou de deux ou trois coups définis, à l'exclusion de tout autre coup.

Le moniteur doit veiller de près les combattants, pour amortir telle ou telle chute, ou crier halte. Seuls les élèves ayant fait preuve d'une intelligence musculaire et d'une orientation parfaites pourront lutter sans surveillance, encore doivent-ils s'être montrés modérés dans l'émulation. Les Japonais sont très sévères sur la discipline de la salle; nos salles d'escrimes les plus selects ne sauraient donner une idée du silence et de l'ordre qu'ils exigent. En résumé, la *prétention de perfectionner*, *le rire*, *la peur*, *les bavardages*, *la brusquerie*, sont cinq ennemis fondamentaux du Jiu-Jitsu.

On a soutenu que le Jiu-Jitsu, s'il se répandait en Europe, ne profiterait qu'aux malfaiteurs ; c'est mal connaître l'esprit de ces gens. Se contentant des coups isolés, dits « coups de coquin » qui leur suffisent, ils n'auront jamais la patience d'apprendre l'ensemble d'une telle méthode. Il est toutefois bon de ne semer les moindres notions de Jiu-Jitsu que parmi les gens dignes de l'apprendre dans son entier. Les agents de police, et surtout agents de la police de sûreté, ont un intérêt capital à posséder comme ultime ressource cette défense ; elle a été d'ailleurs plus ou moins enseignée dans les établissements de police de Londres, Paris, Berlin, Madrid. L'auteur du présent manuel fut lui-même le moniteur de nombre d'agents ; il a été notre premier maître en Jiu-Jitsu, et le profit que nous avons tiré de son enseignement nous permet de vivement recommander à ses lecteurs d'étudier à fond ses préceptes.

Docteur MUROL.

Paris, Décembre 1909.

Fin 1908, deux matchs malheureux ont contribué à aliéner au Jiu-Jitsu la confiance du public français.

Le premier fut la rencontre du champion de boxe Mac Vea et d'un partenaire inconnu. Cet individu *qui se disait* d'origine japonaise, champion du monde de Jiu-Jitsu, était en réalité un londonien qui n'avait jamais combattu un japonais, et qui n'avait même jamais, croyons-nous jamais étudié avec un maître japonais. Il avait, *paraît-il*, battu sur diverses scénes d'Angleterre, quelques boxeurs, mais en face d'un homme comme Mac Vea, un jiu-jitsuan de premier ordre aurait été seul qualifié.

La deuxième fut la lutte téméraire de Régnier contre Padoubny. Régnier n'avait de chance de victoire que si l'adversaire eût porté cette veste de lutte, qui permet tant de prises et de ripostes. Padoubny avait auparavant refusé de rencontrer Yuko-Tani, homme à peu près du poids de Régnier et Miyaki, déjà plus lourd. A notre sens, Miyaki, et son compatriote Akitaro Ono, que 45 kilos seulement séparaient de Padoubny auraient pu le vaincre, même sans veste. Il ne faut pas demander à l'art de combler des différences de force, de poids et surtout de dimensions trop prononcées. Padoubny pesait plus du double du poids de Régnier (66 kilos contre 134) et Régnier pouvait à peine, à deux mains lui tenir le poignet. L'écart de 30 kilos est presque le maximum qu'un jiu-jitsuan autre qu'un champion puisse braver avec assurance, encore la veste lui est-elle à peu près nécessaire.

En raison des différences de dimension, un homme de 60 kilos peut ne pas pouvoir en battre un de 120, alors qu'il bat avec aisance un homme de 90, qui bat aisément les 120. Enfin Padoubny connaissait le Jiu-Jitsu, et c'est par un coup de Jiu-Jitsu (clef placée au tendon d'Achille) qu'il eût raison de son adversaire. Ce match ne démontre donc rien, sinon que pour pratiquer le Jiu-Jitsu il n'est pas inutile d'être fort. Toutes ces circonstances réunies expliquent la défaite de Régnier sans rien lui enlever de son mérite.

Dr J. M.

PRÉLIMINAIRES

PRÉLIMINAIRES

ASSOUPLISSEMENTS

Le Jiu-Jitsu étant basé sur l'agilité, la souplesse et l'adresse, il est indispensable avant de passer aux exercices proprement dits, d'acquérir la vivacité et la rapidité des mouvements qui caractérisent cette lutte.

La plupart des prises devant se faire à terre, on doit pouvoir y amener son adversaire. A cet effet, il faut savoir se laisser choir sans danger et se relever sans effort.

Les exercices ci-après doivent être répétés jusqu'à ce qu'on arrive à les faire naturellement et avec vitesse.

Premier Exercice

Culbute en avant

Pour tourner sur l'omoplate gauche, ramener le menton sur la poitrine afin que dans la culbute la

(Fig. 1)
Position de Départ

tête et la *pointe de l'épaule* ne touchent pas le sol ; arrondissez et écartez du corps le bras gauche, le dos de la main en-dessous, lancez-vous franchement en roulant, de façon à ne toucher le sol qu'avec *l'omoplate* gauche puis la *fesse* droite ; frappez fortement le tapis de l'avant-bras droit pour revenir sur le genou droit et sur le pied gauche.

Le mouvement du bras droit, qui frappe le sol vous redressant sur les pieds, cette culbute faite vivement ressemble à un saut périlleux ; elle est d'un bel effet.

On pourra commencer à s'exercer à cette

(Fig. 2)
Position d'Arrivée

culbute en la décomposant ainsi ; on se met sur le genou au lieu de partir debout, on pose le dos de la main sur le tapis, le bras arrondi, et, se faisant aider par un camarade afin de se pénétrer du coup, tel qu'il doit être fait, on tourne sur l'omoplate du bras qui touche le sol et la fesse du côté opposé, et on doit se trouver sur le pied du côté où on est parti.

L'appréhension de se lancer ainsi la tête en avant disparaîtra et dès qu'on possédera ce coup on trouvera aussi facile de le faire sur un parquet, voire même sur un dallage, que sur le meilleur tapis.

2me *Exercice*

Culbute en Arrière.

Etant couché sur le dos *(fig. 3)*, culbutez en arrière et revenez sur les genoux dans *la même ligne.*

(Fig. 3)

Cet assoupiissement est indispensable pour l'exécution d'un certain nombre de coups ou de dégagements.

3me Exercice

Briser la Chute. (1)

Tenez-vous droit, les pieds réunis, fléchissez sur la jambe gauche (ou droite), portez l'autre jambe en avant, penchez-vous en arrière et dès

(Fig. 4)

Chute en Arrière

(1). *Sans professeur, le brise-chute en arrière est difficile à réussir. Il ne sera bon de le travailler que lorsqu'on commencera les exercices de la deuxième partie et qu'on sera alors plus familiarisé avec l'aller au tapis.*

que votre corps va perdre l'équilibre, sautez par détente de votre jambe fléchie de manière à tomber sur le dos, recevez-vous sur les deux avant-bras et la paume des mains (les doigts allongés en avant) éloignés d'environ 30 centimètres du corps.

Il ne faut pas essayer de se supporter des avant-bras et des mains, mais en frapper le sol violemment, avant que le dos n'ait touché terre. C'est cette sorte de claque qui atténue la chute.

PREMIÉRE PARTIE

SELF DEFENCE

PREMIÈRE PARTIE

SELF DEFENCE

Il a été dit que le Jiu-Jitsu doit contrarier l'équilibre et immobiliser ensuite l'adversaire à terre par des clés basées sur le principe du levier ou par des torsions antiphysiologiques, qui doivent toujours être faites *sans effort.*

Cette première partie sera donc l'exposé des coups que l'on peut porter sur les diverses parties du corps : main, pouce, bras, jambe, tête, suivant la position où l'on se trouve au moment où on est appelé à employer cette lutte.

En leçons et dans l'assaut, le partenaire pris dans une de ces clés, et qui sait par expérience qu'il n'en peut sortir (ni même tenter aucun mouvement), marque sa soumission par un appel convenu et devient alors son propre arbitre.

Un lutteur qui a pris l'adversaire dans une bonne clé, peut, à sa volonté, briser le membre saisi.

***

Certains coups étant les corollaires du coup ou des coups précédents pourront paraître incompréhensibles s'ils n'ont été étudiés dans l'ordre.

Première Leçon

On ne saurait trop donner de détails pour assurer la parfaite exécution de cette prise ; elle est une de celles qui demandent le moins de force

(Fig. 5)
La Torsion de Main

et qui est le plus facilement applicable sur un adversaire debout.

Elle se décompose ainsi :

Le sujet se trouvant debout, présente sa main droite [1] ouverte, la paume face à lui, les doigts en l'air, saisir cette main naturellement avec les deux mains, les pouces placés, l'un à la naissance de l'index, l'autre à la naissance de l'auriculaire, les autres doigts entourant la paume de la main.

Faire ensuite effort avec les pouces pour plier le carpe en arrière et tordre *en même temps* cette main vers l'extérieur du corps Il est indispensable que ces deux mouvements soient faits simultanément pour qu'un adversaire plus fort n'ait pas le temps d'opposer une résistance.

Le mécanisme de cette torsion étant connu, s'exercer à saisir sur une personne non avertie avec la main gauche en pronation forcée la main droite et l'amener d'une seule main à la position de torsion. La main droite doit rester neutre jusqu'à ce que le bras du sujet soit détaché du corps.

Cette torsion sera faite sur le poing fermé quand on sera suffisamment exercé.

Il est recommandé, dans la pratique, de ne jamais se poster en face de l'adversaire, par crainte de mauvais coups, mais de se tenir vers le côté où

(1) Il est bien entendu que la description d'un coup faite pour une main ou un côté s'applique à l'autre main ou à l'autre côté.

l'on doit opérer en présentant l'épaule et en effaçant le corps.

*
* *

NOTA. — Aucun des coups indiqués dans ce livre n'exige un effort physique qu'un homme ne puisse fournir. Si on ne parvient à les réussir c'est qu'il y a un détail négligé ou resté incompris.

Pratique.

Il est évident que si on se trouve en face d'un adversaire prévenu, on ne peut lui saisir directement la main à moins que la circonstance ne vous l'ait donnée. Si au moment où vous saisissez cette main votre adversaire vous la retire vivement votre risposte doit agir immédiatement par un autre coup : par exemple, un passement de jambe arrière.

C'est comme en escrime, un classement de feintes ou de prises non réussies à accoupler à d'autres coups. Le conp donné ci-dessus en riposte est d'autant mieux facilité que l'adversaire en retirant sa main porte le poids du corps en arrière et aide lui-même à sa chute.

Tout coup qui n'a pas réussi doit être abandonné aussitôt et servir de feinte pour un autre coup.

Nous donnons seulement ces détails comme indication car il serait dangereux dès la première leçon de vouloir s'exercer à des ripostes.

Parades de la Torsion de Main

1. — Dès la saisie de la main, portez votre main libre au secours de votre main prise, pour la dégager, en vous jetant face en avant et le plus près possible de votre assaillant ;

2. — Frappez d'un coup brusque de votre avant-bras libre sous les poignets de votre adversaire ;

3. — Dans une situation plus désespérée, si vous avez été surpris et que votre adversaire ait déjà tordu la main, culbutez en arrière sous la torsion afin de dégager la main prise ou de la ramener dans sa position naturelle.

Cette dernière parade, exige à la fois une grande souplesse (comme le donne la pratique des chutes) et un vif esprit d'à-propos.

Chaque parade entraînant son auteur dans une nouvelle situation, parfois plus désavantageuse et d'où il lui faut sortir par un nouveau dégagement, on ne peut raisonnablement s'exercer aux parades autrement qu'en théorie avant d'être bien pénétré de tous les coups de cette méthode.

Une Application de la Torsion de main.

(*Fig. 6*)
Self Defence

Cette torsion peut être appliquée, dans la

défensive sur un agresseur qui a saisi au collet, au cou, aux vêtements

Dans ce cas, saisir avec la main droite le pouce[1] de la main gauche de l'adversaire, sans se préoc-

(*Fig.* 7)
La Patte de Canard

cuper de l'autre main qui étreint encore, et faire la torsion telle qu'on la connaît.

---

(1). Voir " Pouce " page 51.

Si on a du champ, achever ce coup pour immobiliser l'adversaire en passant, *en tour de hanche*, la jambe derrière une des siennes comme le montre la figure n° 5 et maintenir à terre en forçant la paume de la main prise à se tourner vers le sol après qu'on a posé le pied ou le genou sur le bras[1] de la main tordue.

Cette torsion amène également à immobiliser l'adversaire par les clés mentionnées aux figures 25 et 26, à moins qu'un cas de légitime défense n'oblige à faire sauter l'articulation du poignet par le coup indiqué au paragraphe précédent.

DU POUCE

Le pouce est le doigt sur lequel on doit agir de préférence pour faire lâcher une prise.

Il y a deux façons d'agir sur le pouce :

1° En le retournant ;

2° Par la pression dans le sens de l'articulation.

Par la Pression : Poser le pouce de la main droite à l'extrémité de l'ongle du pouce de la main

(1). En parlant du " bras ", nous désignons seulement la partie comprise entre le coude et l'épaule.

gauche de l'adversaire, les autres doigts placés sur le dos de son pouce, le petit doigt arrivant au poignet, à la naissance de sa main, la main libre, si possible, tenant le poignet de l'adversaire; faire effort du pouce pôur forcer le sien à se courber davantage. — La douleur produite est aigüe, immédiate et provoque un relachement musculaire de toute la main.

Ce coup étant connu, s'exercer à le porter vivement, soit avec le pouce, soit avec l'un des deux premiers doigts de la main, suivant la position de la main de l'adversaire.

***

Dégagement de la prise du Pouce.

On ne saurait trop être prévenu contre le danger d'une prise de pouce; un pouce retourné provoque une douleur syncopale, qui annihile immédiatement toute énergie, aussi ne doit-on pas négliger de s'exercer à sa parade :

S'étant fait saisir le pouce de la main droite frapper vivement pour le dégager, de l'avant-bras libre sous l'avant-bras, près du poignet de l'adversaire. Répéter cet exercice pour le pouce de la main gauche en accélérant la parade (qui est très simple) au fur et á mesure qu'elle devient plus familière. Cette parade est la même que celle indiquée pour la torsion de main.

Dégagement d'une prise de Poignet.

Pour faire lâcher une prise des deux poignets, il suffit, sans force, d'écarter les bras puis de les élever à hauteur des épaules en tirant à soi.

Si un seul poignet est pris par les deux mains de l'adversaire, saisir la main prise de l'autre main et tirer à soi, sans effort, à l'endroit des pouces.

Sur un adversaire visiblement plus fort que soi. il sera toujours préférable de faire des saisies aux vêtements plutôt qu'aux membres. (Voir 2me partie).

La Morsure.

NOTA. — La morsure se pare en poussant la partie prise dans la mâchoire et non en la retirant.

Si on est mordu à une main, se servir de l'autre main pour tirer ou pousser derrière la tête, pendant que la main engagée pousse dans la mâchoire.

2me Leçon

Viens donc ! !

Dénommé ainsi parce que la position prise semble être celle de deux personnes se donnant le bras.

(*Fig. 8*)

Viens donc ! !

Ce coup, très efficace à force égale, l'est moins sur un individu notablement plus grand.

Explication

Saisir avec la main gauche le poignet gauche de l'adversaire en ramenant la paume de sa main en dessus. Si à ce moment son bras n'est pas suffisamment allongé, simuler un coup de poing à la mâchoire. Envelopper son bras avec le bras droit à quelques centimètres au-dessus du coude, qui est naturellement en-dessous. Faire alors une pression sur le poignet de haut en bas et obliquement vers la droite, l'avant-bras droit servant de point d'appui.

La main droite peut, pour plus d'assurance, s'accrocher au vêtement.

Dans le cas où l'adversaire est de beaucoup plus grand, cette clé n'est possible que si, passant la jambe droite complètement devant lui il est contraint de se courber.

Au lieu d'être sur le côté comme dans la figure ci-dessus, on sera presque devant l'adversaire. (Voir prise analogue fig. 48).

Recommandations sur le Viens-donc et notamment sur les Arm Lock's.

Peu familiarisés à la limite de la douleur sensible, oubliant la force du levier surtout dans les arm lock's, on ne saurait trop recommander aux élèves de ne jamais amener le membre pris à la douleur par une détente brusque.

La grosse complication dans un accident de ce genre est la rupture des nerfs, du nerf médian, qui entraîne à sa suite l'impotence ou l'atrophie du membre.

(*Fig. 9*)

Viens donc

Même coup que par prise au Collet.
Même principe que pour le coup précédent.

La main qui tient au veston peut également se

placer sur la nuque. — Ce coup ne peut être fait que sur un adversaire de même force physique. Il est nécessaire aussi que sa main soit maintenue en supination forcée, c'est-à-dire la paume en dessus, mais avec une tendance à se tourner vers le corps de celui qui exécute le coup.

Flexion du Carpe.

VIENS DONC RATÉ. — Si l'adversaire en tentant de se dégager d'un Viens-donc par exemple a réussi à replier son bras, calez-lui aussitôt le coude avec votre poitrine, votre main gauche venant se placer à son poignet; appuyez du talon de votre main droite sur l'extrémité du métacarpe, à la naissance des doigts, pour avoir le levier le plus long possible et faites-lui fléchir le poignet.

Cette pression sur un partenaire devra être faite sans brutalité; la flexion faite sur une résistance peut produire une secousse fatale.

On emploie la flexion du carpe dans la lutte à terre chaque fois qu'ayant saisi un poignet le coude se trouve limité d'une façon quelconque ou par le sol. (voir prise fig. 52).

Cette flexion est également employée pour faire lâcher une arme ou un objet quelconque de la main d'un individu, après que celui-ci a été jeté à terre par le coup des " ciseaux " que les japonais

Fig. 10

Flexion du Carpe

exécutent merveilleusement même sur un homme

armé d'un couteau ou d'un bâton. (Voir ce coup fig. 66).

Dégagement

Poussez brusquement de la main libre (avant

(*Fig. 11*)
Parade et Riposte sur Viens-donc

que la clé ne soit fermée) sur le coude du bras qui entoure votre bras en danger et fléchissez vite cedernier en pronation, en même temps de votre jambe la plus rapprochée, barrez les deux jambes de votre assaillant.

Retournement du bras.

(*Fig. 13*)

Une Clé de l'Épaule avec prise au Collet

Cette clé a une grande analogie avec le " retournement du bras à l'américaine " pratiquée dans la lutte gréco-romaine et peut par conséquent se faire à terre. Pour assurer l'immobilisation, il importe que la pointe du coude du patient soit calée par la poitrine de l'exécutant, de telle façon

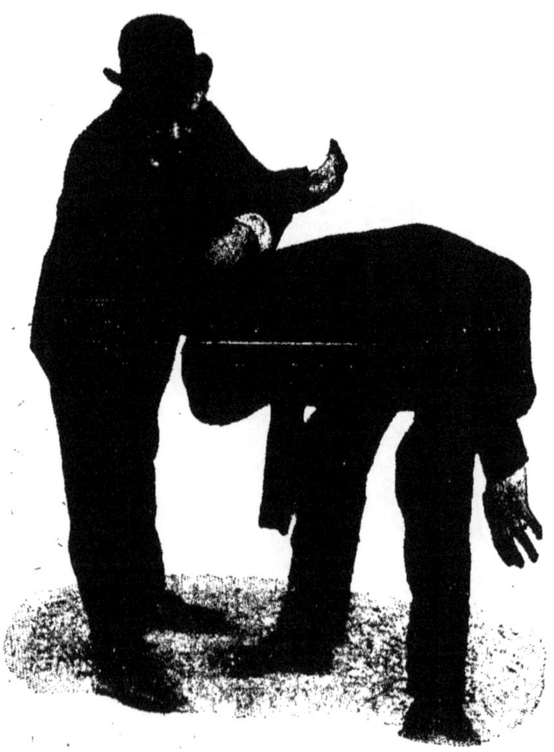

(*Fig. 12*)

que le bras retourné ne puisse s'allonger.

La parade, qui serait de piquer une tête en

avant, en culbute, est rendue impossible si, avec l'autre main vous avez saisi l'individu au collet de son vêtement.

Cette clé peut être portée de deux façons :

1° Saisir le poignet droit de l'adversaire avec la main droite, pousser de bas en haut, de la paume de la main gauche (les doigts en dehors) sur son coude de façon à faire passer le poignet pris dans la saignée de votre bras gauche dont la main vient se placer à plat sur l'épaule droite du sujet et terminer en se conformant aux recommandations énoncées ci-dessus.

(Le passage d'une jambe en avant de celles de l'antagoniste a une réelle importance, comme entrave, dans l'application d'un grand nombre de coups.

2° Cette clé peut être portée par surprise si on a attaqué l'individu sur le côté. Pour cela, glisser vivement l'avant-bras gauche entre l'avant-bras droit (à hauteur du poignet) et le corps du partenaire, pendant que la main droite a saisi le bras en passant derrière le coude pour faciliter le retournement du bras que l'on maintient ainsi en plaçant sa poitrine sur la pointe du coude du bras pris. La main libre vient ensuite saisir le collet.

Ce dernier coup demande une grande vivacité d'exécution.

Dans cette clé, le moindre effort de levier menace la désarticulation de l'épaule.

3me Leçon

Du Coup de Tête.

Ce coup est le plus à craindre de la part des

(*Fig. 14*)

Un Collier de Force avec Clé sur la Carotide.

rôdeurs. Il est donné de deux façons, dans la poitrine ou en pleine figure :

Dans la poitrine il est facilement esquivé par un homme habitué au combat et laisse prendre.

C'est là partie osseuse antérieure[1] de l'avant-bras qui appuie sur la carotide. La main ferme le collier en s'accrochant aux effets. On peut se servir de la main libre pour aider l'autre main à serrer sur la carotide.

Cette saisie aussitôt faite on doit se garantir d'un coup de poing possible au bas ventre, en allongeant en avant la jambe la plus rapprochée de l'adversaire et on cambre les reins pour aider à la pesée faite sur le cou.

Dans le cas où cette prise est faite sur un individu supérieur en force, on enveloppe aussitôt de ses deux jambes le corps de l'adversaire en se laissant glisser à terre.

Le résultat est la congestion au bout de quelques secondes et la perte de connaissance chez l'assaillant. (Voir leçon 4, Étranglements).

*
* *

Le coup de tête en pleine figure est esquivé lorsque l'individu va saisir les vêtements au collet, par la parade du saut de gorge.

---

(1) Pour plus de compréhension dans les termes, nous supposons les bras pendant le long du corps, les mains à plat sur les cuisses et nous dénommerons " partie antérieure ", la partie osseuse (environ 0,10 au-dessus du poignet) qui se trouve en avant ; la partie opposée sera dénommée " postérieure ".

Théorie du Coup.

I

Saisir au moment où il vous saute à la gorge les bras du partenaire aux poignets, par un mou-

(*Fig. 15*)
Le Saut de Gorge
Parade

vement de parade, les élever en l'air, et, dans le même temps, lui abandonner brusquement le bras droit pour porter votre main gauche au-dessus de votre main droite qui maintient toujours son poignet gauche, de façon à tenir dans les deux mains, non pas précisément le poignet, mais le méplat formé par la naissance de sa main ;

II

Passer alors vivement en vous tournant, la jambe droite allongée devant ses deux jambes,

(*Fig. 10*)
Le Saut de Gorge
Prise

pendant que son bras vient se placer sous votre

aisselle droite. La main du sujet se trouve alors en pronation forcée et le coude en dessus.

III

Faire levier de bas en haut sur le bras pris.

*
* *

Ce coup est des plus difficiles, non pas peut-être à répéter, mais à réussir parfaitement. En effet, la façon dont l'adversaire se trouve placé derrière vous (comme le montre la fig. 16), lui permettrait, si cette douleur n'était pas immédiatement sentie, de vous saisir une jambe, de sa main libre, et de vous basculer.

Si on est peu exercé à ce coup, on peut le rendre plus efficace en maintenant la prise à terre après s'être laissé glisser sur les fesses en tenant les reins bien appuyés contre le corps de l'adversaire.

Si également peu exercé à la parade ou bien surpris, le jiu-jitsuan a été saisi au veston, plusieurs parades-ripostes que nous verrons par la suite, telles que celles indiquées leçon 16 fig. 60 sont à sa disposition ; car il ne faut pas oublier que la saisie précède de peu le coup de tête du malandrin. Il importe par conséquent d'agir vite et le meilleur des dégagements reste celui indiqué ci-dessus.

NOTA. — Nous répétons que ce coup doit être étudié longuement pour arriver à la douleur immédiate annihilante produite par le levier du bras indiqué par la fig. 16.

Tous les élèves qui s'y sont appliqués ne l'ont réussi qu'après de patientes répétitions et sans pouvoir après le préciser au juste théoriquement; ils ont été seulement surpris de sa simplicité dès qu'ils l'ont possédé. Aussi nous recommandons de le répéter après chacune des leçons suivantes sans se laisser décourager par l'insuccès des premiers exercices.

Si on n'est pas forcé d'agir en toute vitesse (sur un ivrogne importun, par exemple), on peut après avoir tiré sur un pouce faire la torsion de main (1re leçon) et cela sans se préoccuper de l'autre main encore accrochée au vêtement.

Dans ce même cas, un autre coup très simple : l'importun tenant le veston, ses deux bras allongés et parallèles, passer l'avant-bras gauche sous son avant-bras droit, saisir avec la main gauche sa main gauche par dessus et la placer (en s'aidant de la main droite *pour bien la maintenir au corps*) dans une position *exacte* de pronation ; faire en même temps un brusque par le flanc gauche. L'individu est jeté sur le côté ou amené à genoux sous la douleur d'une tension antiphysiologique de son poignet.

4me *Leçon*

Étranglements.

Votre partenaire étant étendu sur le dos, et vous placé à cheval (1) sur lui, saisissez de la main droite, le pouce en dessous, son col de veste, le *plus près possible* de la nuque, de façon à ce que

(*Fig. 17*)

la partie osseuse postérieure de votre avant-bras appuie sur la carotide (en se calant sous le menton comme sous un crochet); prenez avec l'autre main le col ou le parement opposé, puis opérez une traction en vous aidant du poids de votre corps. Il n'est pas nécessaire que les deux mains

(1) Lorsqu'on chevauche l'adversaire on doit employer les jambes pour se garantir des secousses qui tendent à vous surpasser, soit en les allongeant sur le côté pour vous donner une large base, soit en entourant le corps avec une jambe ou avec les deux.

viennent se placer à la gorge. Au contraire, pour plus de vitesse dans la prise, une main prend le revers opposé du vêtement pour fixer le col contre la tirade que fait la main d'étranglement. L'appui d'un seul côté sur la carotide suffit (2).

Bien que la prise ci-dessus soit la plus classique, l'étranglement au hasard de la saisie peut se faire d'autres façons :

1° Saisir des deux mains, les doigts en dessous, le pouce en dessus, le col de l'adversaire près de la nuque, de façon à ce que les deux avant-bras soient croisés en X en face du menton et que leur *partie osseuse antérieure* appuie de chaque côté sur la carotide. Faire effort en portant le poids du corps en avant, les deux bras croisés formant tenaille.

2° Après avoir pris le col de l'adversaire des deux côtés, à hauteur des carotides, à pleines mains, les doigts en dessous, les coudes posant à terre de chaque côté de son cou, les phalanges des deux mains fermées posées bien à plat sur les carotides, raidir les deux bras en les allongeant

(2) Cet étranglement par appui sur la carotide n'est point douloureux, il se produit chez celui qui le subit une congestion engourdissante qui amène l'évanouissement complet au bout de quelques secondes. Alors par un phénomène nerveux, les yeux tournent dans leur orbite et la bouche écume. Il serait par conséquent dangereux entre partenaires, sans connaissances spéciales du traité de secours que les Japonais dénomment KUATZU ou sans la présence d'un médecin d'insister trop longtemps pour se rendre sur cette prise.

parallèlement et en s'éloignant de la figure du patient (1).

3° Etant aplati sur l'adversaire couché sur le dos et lui ayant passé un bras sous la tête, placez le poing de l'autre bras sur la carotide, venez prendre, de votre main qui a passé sous la tête, la manche de votre veste à hauteur du biceps et serrez en appuyant de toute la force de votre corps allongé.

(*Fig. 18*)

Un Étranglement en soulevant les reins.

Même principe d'étranglement pour être pra-

(1) Cette prise est excellente si on est d'une force physique supérieure ou du moins égale à celle de l'adversaire ou si une des jambes du jiu-jitsman lui a tout au moins immobilisé un bras, car la parade qui est de passer, d'un coup sec, les deux avant-bras aux poings réunis entre les bras qui étranglent, pour les écarter et rompre la prise est instinitive et réussit trop facilement.

tiqué en self défence, dans la rue. On peut poser le pied sur un bras ou le ventre du malandrin et étrangler en tirant à soi.

5me *Leçon*

Parades de l'Étranglement.

Dans les étreintes à terre, un individu sera toujours à cheval sur son adversaire ou entre ses jambes.

(*Fig. 19*)

1° Parade simple " M-P " (1)
Par appui sur les coudes et renversement de l'adversaire à droite ou à gauche.

En tombant, faites en sorte de toujours avoir l'adversaire entre vos jambes, que vous vous trouviez dessus

(1) Indépendamment des parades qui sont enseignées, on peut également sortir de cette mauvaise position, en poussant vivement (et immédiatement, dès qu'on s'y trouve), des deux mains, sur les cuisses de l'adversaire, pendant que le corps se tourne, pour s'en arracher, sur l'une ou l'autre épaule, suivant la commodité.

ou dessous. Dans le premier cas, les parades d'étranglement seront indiquées par « M. P. » (Mauvaise position); dans le second cas par « B. P. » (bonne position. — Les parades indiquées par « B. et M. P. » se font également dans l'un et l'autre cas.

1° Par appui sur les coudes qui sont croisés, comme le montre la figure ci-dessus;

2° Dans cette même position, passer l'avant-bras droit entre les deux bras de l'adversaire, comme un croisillon, s'aider de la main gauche que l'on unit à sa main droite pour forcer le croisillon à délier l'étreinte;

3° En laissant votre main gauche telle qu'elle est placée sur cette image, c'est-à-dire sur le coude de l'adversaire, saisissez-lui le poignet droit avec votre autre main et faites appui sur son bras, placé à faux, pour jeter l'adversaire sur le côté;

Par torsion des vertèbres cervicales (voir explication figure 45).

Se trouvant dans la mauvaise position, le but de toutes ces parades est de dégager les jambes afin de pouvoir lutter plus efficacement.

Parades de l'Étranglement " B.P. "

Ayant l'usage des jambes, la position ci-desous qui semble défavorable est cependant une des plus avantageuses et que les Japonais affectionnent le plus.

Il faut donc, à terre, veiller à la liberté des jambes autant qu'à celle des bras; placé dessous, elles tiennent l'adversaire à distance, l'étreignent fortement, le paralysent, usent ses forces; de cette façon, les coups de poing qui peuvent être portés sont d'autant moins dangereux que l'étreinte est plus étroite. Pour se relever, ne *jamais tourner* le dos à son adversaire.

(*Fig. 20*)

Dans cette situation, la pression des genoux sur les muscles des cuisses ou des bras, sur le cou (1), la tête, la figure ou le corps, à hauteur

(1) Dans les péripéties de la lutte au tapis, il arrive souvent que l'un des partenaires se trouve avoir la tete dans le voisinage des genoux de l'autre (la position est presque tête-bêche). Celui-ci doit tirer parti de cette situation, ce qui lui est facile, principalement quand il est dessous ; il saisit alors, avec les jambes, le cou de son partenaire comme il est expliqué ci-dessus. — La parade est de se remettre vivement debout. Donc, si on a cette prise on doit s'emparer en même temps d'une jambe ou d'un pied, comme pour une torsion, afin d'assujettir l'étranglement et d'empêcher la parade.

des côtes flottantes, par extension des jambes crochetées aux pieds, est une diversion des plus douloureuses, qui oblige souvent l'adversaire à demander grâce avant la prise d'une clé.

6me Leçon

Riposte à l'Étranglement "B. P." (*suite*).

(Fig. 21)

1) Dans la position ci-dessus, le jiu-jitsuan ayant riposté à l'étranglement de son adversaire par un étranglement : porter les deux pieds calés, de chaque côté, dans l'aine de l'adversaire et l'éloigner en allongeant les jambes. Il se trouve alors étranglé en lâchant sa prise.

2) N'ayant pu placer qu'un pied, faire le même

effort de tension de la jambe pour projeter l'adversaire sur le côté et revenir sur lui;

3) Vos deux pieds étant placés, vos fesses touchant les pieds de votre adversaire, la prise au col étant faite, tirez sa figure à vous, allongez les jambes en l'air et projetez l'adversaire pardessus votre tête. Sans abandonner la prise du col revenez à cheval sur lui par un renversement en arrière (1). Voir « la Roue » (Sutemi) figures 62, 63 et 64.)

NOTA. — La contraction des muscles du cou et l'appui du menton sur la poitrine pour retarder ou détourner l'étranglement ne sont que des parades auxiliaires, insuffisantes. En effet, il existe sur le menton et les côtés du menton, un peu au-dessous de la naissance des dents, un réseau de filets nerveux sur lesquels la pression de la tranche osseuse de l'avant-bras produit une douleur intolérable qui se manifeste ensuite, souvent, en migraine.

4) Dans cette même situation et tenant les bords du paletot de l'adversaire, mais trop bas pour un étranglement efficace, glissez, en vous groupant, un pied à hauteur de la gorge de votre adversaire, poussez de la jambe et tirez des mains sur le veston.

(1) Ce renversement en arrière est donné dans les préliminaires comme assouplissement indispensable à l'exécution d'un certain nombre de coups.

Riposte "B. P." (*suite*)

Toujours dens la même position, saisir au poignet des deux mains, un des bras qui vient étreindre ou frapper (le bras droit par exemple), glisser la jambe gauche entre ce bras et le côté gauche du cou de l'adversaire en vous retournant légèrement sur le côté droit pour faciliter le

(*Fig. 22*)

Par Arm Lock.
Dans les arm locks le point d'appui se fait à quelques centimètres au-dessus du coude.

passage de votre jambe; placer la main de l'adversaire de façon à ce que son coude soit sur le côté et forcer l'articulation par la tension de la jambe qui fait arm lock.

*
* *

Comme le montre la position de la figure ci-dessus, si l'adversaire a dégagé son bras avant que celui-ci soit placé à faux, il ne faut pas insister davantage et vouloir ressaisir ce coup. On peut, en abandonnant le poignet et tout en conservant la position des jambes saisir des deux mains, pour les tirer à soi brusquement, les deux jambes de l'adversaire à hauteur des chevilles. Celui-ci est alors projeté sur les fesses et on revient sur lui.

(*Fig. 23*)

Par collier de force à terre " B. et M. P. ".

Ne diffère aucunement du collier de force précédemment indiqué, seulement les jambes ainsi placées empêchent l'adversaire de faire la parade en culbutant en avant.

7me Leçon

L'Arm Lock.

L'arm lock basé sur le principe du levier est la clé la plus redoutable du jiu-jitsu et de

(Fig. 24)
L'Arm-Lock
Sur un sujet à grande différence de poids.

laquelle personne ne peut s'arracher, même à grande différence de force entre les deux combattants.

La position classique est celle figurée par la gravure ci-dessus. Mais ayant compris son principe, on s'ingéniera à chercher cette clé sur toutes les positions qu'occupera l'adersaire à terre.

Explication d'une prise d'Arm Lock, le partenaire étant étendu sur le dos :

1° Afin de conserver la stabilité et de neutraliser les soubresauts chevaucher l'adversaire de la façon suivante : le corps accroupi en avant et souple, une jambe allongée (la jambe droite par exemple), le plus perpendiculairement possible au corps de l'adversaire, l'autre pied reposant à terre, la pointe très ouverte;

2°. Saisir le poignet droit de l'adversaire avec les deux mains, ou seulement avec la main droite, la main gauche se plaçant au coude, tirer sur ce bras vers la droite afin de dégager de terre l'épaule de l'adversaire;

3° Glisser la jambe gauche le plus loin possible en la faisant passer sous l'épaule dégagée et sur le cou;

4° Se laisser tomber en même temps sur le côté gauche et se placer sur le dos en tenant le bras pris, le *coude en dessous*, entre les deux jambes dont l'une : la gauche est sur le cou de l'adversaire, l'autre : la droite, barrant le corps à hauteur de poitrine.

(Il n'est toutefois pas nécessaire que cette dernière jambe barre le corps; elle peut avoir été négligée et se trouver dessous ou contre le corps de l'adversaire, mais il est essentiel que la jambe qui fixe le cou de l'adversaire, soit bien placée).

Quand la position de l'arm lock est bien prise, telle qu'elle est décrite ci-dessus, maintenir le poignet pris avec les deux mains contre la poitrine et cambrer très doucement le rein pour amener la sensation de danger du coude.

Si l'arm lock est bien engagé un seul doigt tenant le poignet pourrait suffire à déterminer cette sensation et à maintenir l'individu à terre.

Dans la position indiquée ci-dessus on doit généralement faire précéder la prise de l'arm lock par une feinte d'étranglement, afin d'attirer la riposte de l'adversaire qui en se défendant allonge les bras.

(La faute commise par tous les débutants dans la prise de l'arm lock est de ne pas engager suffisamment la cuisse sous l'épaule, ce qui fait que lorsqu'ils croient avoir l'arm lock, le coude de l'adversaire se trouve à terre entre les deux cuisses, et sans point d'appui pour le levier.)

*
* *

Après qu'on a saisi le poignet de l'adversaire pour lui porter l'arm lock, il peut se faire qu'en lui tirant le bras pour lui soulever l'épaule, celui-ci dégagé, dans cet instant, du poids du corps du jiu-jitsuan entraîne ce dernier brusquement la face en avant. Si la jambe que l'on doit avoir glissée entre son épaule et son cou est placée, on doit maintenir la prise du poignet, quand même, la position de l'arm lock se trouvera la même que celle expliquée ci-dessus, mais faite à l'envers, c'est-à-dire que le jiu-jitsuan au lieu de se trouver sur le dos sera à plat ventre, mais avec un arm lock presque aussi efficace.

Chevauchant également un adversaire, mais de force physique moins redoutable, et lui ayant saisi un poignet, on peut faire arm lock en glissant simplement une jambe en avant et en lui allongeant le bras sur cette jambe.

Deux arms-locks qui découlent de la torsion de main (1re leçon) et pouvant être exécutés en self-defence dans la rue.

(*Fig.* 25)

Tel que le montre la figure n° 1, si dans la torsion de main on a fait un passement de jambe dessinant un tour de hanche, tirer le bras en tordant la main de façon à ce que la tête de l'adversaire vienne se placer juste en face du genou qui se pose sur le côté de la figure; le bras se trouve allongé comme un levier sur l'autre jambe du jiu-jitsuan.

Dans cette prise, il est préférable de pousser le menton de la paume de la main libre que de tenir l'adversaire à la gorge. Qu'il soit poussé de

(*Fig. 26*)
Un arm-lock debout.

la main ou du pied, le menton joue un rôle essentiel dans l'arm lock pour faire tendre le bras à l'adversaire.

Cet arm lock ne diffère pas de l'autre dans son mécanisme. Il est une variante qui permet d'avoir une main libre. Donc, au lieu de placer un genou sur la figure comme pour le précédent, le jarret vient s'appuyer contre le cou de l'adversaire et son bras est en levier sur la jambe droite (ou gauche), légèrement fléchie.

(*Fig. 27*)

Parades de l'arm-lock

1° La parade de l'arm lock consiste à saisir aussitôt la main du bras pris avec son autre main en se retournant vivement sur l'épaule du côté menacé, de façon à dégager le coude de son point d'appui.

2° Si le bras est déjà allongé en levier, mais pris par la position indiquée figure 27, c'est-à-dire une jambe seulement passée sur le cou, culbutez en arrière, en pivotant sur l'épaule engagée et en dirigeant vos pieds dans la direction de la figure de votre adversaire sur lequel vous revenez ainsi.

8me Leçon

La Clef de Tête

D'une façon quelconque si on a pu saisir l'adversaire par derière, prendre de la main droite le col de son veston, de façon à ce que la partie antérieure osseuse de l'avant-bras vienne presser sur la gorge ou sur la carotide. Les deux mains opèrent presque simultanément dans ce

(*Fig. 28*)

coup, l'autre main vient se placer, la paume sur le côté du menton de l'individu, de façon à empêcher celui-ci de se retourner. Tout en tirant sur le collet, les deux mains doivent opérer une traction en sens différent.

Il se peut faire qu'au moment de la prise, l'individu baisse instinctivement la tête en la rentrant dans les épaules, empêchant ainsi le passage de l'avant-bras sous son menton; c'est alors que la main qui voulait agir sur le menton fait d'abord effort sous le nez pour faire reler la tête

*
* *

Même coup (prise différente)

(*Fig. 29*)
Head Lock

Si l'individu est de beaucoup plus grand que le

jiu-jitsuan, celui-ci peut l'amener à terre, de façon à avoir une prise plus efficace, en lui portant vivement un pied dans le creux du jarret et en tirant en arrière en même temps. Mais il est nécessaire ensuite que les deux genoux calent étroitement les reins de l'adversaire afin d'empêcher celui-ci de se retourner.

Comme le montre la figure ci-dessous, le jiu-jitsuan profite de ce que son adversaire lève un bras en se débattant pour lui passer son avant-bras entre ce bras et la nuque, le bord osseux postérieur placé sur les vertèbres cervicales et la tranche antérieure de l'autre avant-bras sur la trachée-artère.

***

Autre coup (du même)

On peut également, au hasard de la saisie, au lieu d'entraver le bras ainsi, le placer en levier (le coude en dessous), sur le genou gauche, la jambe légèrement fléchie. Mais il ne faut pas oublier non plus de caler l'épaule droite de l'adversaire avec le genou droit, de façon à l'empêcher de se retourner si la clé du cou n'est pas encore bien assujettie.

Tension des vertèbres

Si le jiu-jitsuan n'a pu réussir à placer sa clef de tête et si son adversaire plus vigoureux l'entraîne en se débattant, on ne doit opposer aucune résistance, mais enserrer aussitôt le corps de l'adversaire avec les deux jambes dont

(*Fig. 30*)

les talons viennent se placer de chaque côté dans l'aine. Ainsi placé, raidir violemment les jambes en cambrant les reins et en tirant en même temps la tête en arrière, voire même en lui plaçant les mains sur le front.

Parade

Dans cette tension des vertèbres (où les vertèbres cervicales sont le plus en jeu), il est recommandé de bien engager les pieds aux cuisses de l'adversaire, pour ne pas donner prise à la parade, qui est de tirer, en dedans, sur la pointe de l'un ou l'autre pied.

9me Leçon

Jetée à Terre par une Clé du bras en vitesse sur parade.

Si dans un corps-à-corps vous parez de l'avant-bras gauche sous l'avant-bras droit de l'adversaire frappant de haut en bas, parez de façon à

(*Fig. 31*)

faire plier légèrement le bras; passez vivement l'avant-bras droit derrière le coude de l'assaillant, en venant placer votre main droite à plat sur le poignet droit. Envoyez à terre en forçant sur l'articulation de l'épaule.

Vous pouvez compléter ce coup en passant, dans le même temps, par crochet extérieur, votre jambe droite derrière la jambe droite de l'adversaire, d'un coup sec au creux poplité.

*
* *

Même coup (prise différente)

Si vous avez paré de l'avant-bras droit sous l'avant-bras droit de l'adversaire, passez votre avant-bras gauche, comme un croisillon dans l'angle formé par l'avant-bras et le bras de l'adversaire.

Répétez ce coup de même façon sur l'autre bras et exercez-vous ensuite sur les deux indistinctement, afin d'acquérir la vitesse et le coup d'œil indispensables à la réussite.

*
* *

Corollaire du coup précédent.

Ayant paré trop bas et ayant raté la clé d'épaule on peut être amené à placer le coup suivant : (1)

Comme l'élan de la parade manquée a entraîné le jiu-jitsuan plus en corps à corps et sous les bras de son adversaire, il enveloppe les cuisses de celui-ci au-dessous des fesses, le bras gauche

(1) Ou un tour de hanche, voir fig. 50.

passant sur la cuisse gauche, le bras droit derrière la cuisse droite (ou vice-versa suivant le côté) et l'embarque par un brusque demi-tour à gauche en se laissant tomber sur lui au besoin pour le maîtriser par une clé.

(Fig. 32)

NOTA. — Si on a pu, dans l'entrée, passer une jambe derrière une de celles de l'adversaire (surtout lorsqu'il s'agit d'un poids lourd), on le fait basculer dessus, par un coup vif du genou au creu poplité et simultané avec l'effort des bras

Même engagement (autre coup).

Si l'adversaire est largement fendu, l'enveloppement des cuisses ou même du bassin est difficile, sinon impossible. Enveloppez alors *extérieurement* la cuisse gauche de l'adversaire (en garde à gauche) avec le bras gauche, la main droite venant se placer près de la main gauche au creu poplité. Soulevez cette jambe brusquement, votre pied gauche ou droit ayant crocheté l'autre jambe intérieurement.

Prise probable

(Fig. 33) — **Torsion du pied.**

(Voir explication, prise différente, même principe, fig. 50)

NOTA. — La jambe du jiu-jitsuan placée entre les deux jambes de son adversaire a son utilité; elle empêche le corps de celui-ci de suivre le mouvement de torsion.

10me Leçon

Clés découlant de la prise d'une jambe sur un coup de pied, en lutte, ou de toute autre façon.

(*Fig. 34*)
Jétée à terre sur prise de jambe.

La jambe est saisie comme en boxe. La chute est produite par un fouettement interne sur l'autre jambe avec votre jambe la plus rapprochée. La chute donne comme probables les clés suivantes :

(Fig. 35)
Clé au tendon d'Achille.

La douleur est produite en plaçant la tranche antérieure de l'avant-bras sous le tendon d'Achille; l'autre main appuie sur le genou pour faire tendre la jambe et empêcher l'individu ainsi pris de s'agriper aux effets. Un de vos pieds se place sur l'autre jambe.

* * *

La clé ci-dessus découle de la clé précédente. La main gauche a forcé sur le côté du genou pour amener l'adversaire à plat ventre; la partie osseuse de l'avant-bras appuie sur la crête interne du tibia et rend la prise excessivement douloureuse; sa jambe libre se trouve calée sous la jambe droite du jiu-jitsuan, dont le genou et la pointe du pied posent à terre.

(*Fig. 36*)
Clé sur l'angle interne du tibia.

Le point douloureux se trouve à 10 centimètres environ au-dessus de la cheville.

La figure 36, montre le jiu-jitsuan exerçant en même temps que la clé d'un tibia, une pression d'un de ses genoux sur la crête interne de l'autre tibia. Cette pression produit chez le sujet une douleur qui lui enlève toute velléité de résistance. La crête interne du tibia, plus aiguë que la crête antérieure, est incomparablement plus sensible.

Mêmes prises découlant de la précédente.

Fig. 37

1° Si, dans les secousses produites par l'individu qui se débat, la clé sur l'angle interne du tibia n'a pu être placée au point efficace, chevauchez la jambe prise avec votre jambe gauche en tournant le dos à l'individu : le pied de votre adversaire étant maintenu sous votre aisselle, sa jambe, jusqu'au genou (sur lequel s'appuie votre main libre), devient pour vous un levier dont la pesée au moindre effort de torsion brisera la cheville et déboîtera le fémur.

La condition importante est de caler par serrage avec vos deux jambes, la jambe libre du sujet afin d'empêcher votre torsion de suivre le mouvement de votre torsion; (1)

2° Dans la figure ci-dessus, la jambe prise n'a pas été chevauchée, le jiu-jitsuan continue son mouvement en s'asseyant sur la cuisse de son adversaire que ce mouvement fait tourner à plat ventre; la clé est tout aussi assurée que dans le premier cas, si l'autre jambe de l'adversaire se trouve fixée (par pesée d'un pied ou d'un genou).

(*Fig. 38*)

Etranglement avec Prise de jambe.

Ayant abandonné la jambe au moment de la chute et s'étant jeté à terre sur l'individu, la prise ci-dessus est probable :

(1) Par suite d'une erreur de clichage typographique les fig. 35 et 36 ont été interverties, ce qui rend les textes relatifs a ces 2 figures quelque peu confus. Les clés qui découlent logiquement de la chute provoquée par la saisie de jambe (fig. 34) ont été rapportées, dans leur ordre, en errata, à la fin du volume.

Saisir avec la main droite, qui passe sous la jambe droite du sujet, un parement du collet à n'importe quelle hauteur, pendant que l'autre main saisit au collet comme pour l'étranglement. Pris de cette façon, l'individu qui se débat s'étrangle lui-même.

(*Fig. 39*)
Une Clé de l'épaule.

Etant tombé en croix sur l'adversaire et vous trouvant sur son côté gauche par exemple, saisissez son poignet droit avec votre main droite en *pronation*, passez l'avant-bras gauche sous son bras (qui à ce moment est supposé allongé), à 10 centimètres environ au-dessus du coude, qui doit être en dessous; faites point d'apppui comme pour un levier, avec la partie osseuse antérieure de votre avant-bras gauche; forcez sur ce levier avec votre main droite pour obliger l'adversaire, sous la douleur, à plier son bras dans une parade instinctive. Profitez alors de ce mouvement pour glisser complètement l'avant-bras gauche sous le coude replié de l'adversaire.

La main du jiu-jitsuan vient alors se placer à plat sur son poignet droit et il fait levier de bas en haut avec son avant-bras gauche, mais il ne doit pas négliger de caler son coude droit, bien à terre contre le cou du patient. Pendant cette prise ses jambes doivent se croiser sur l'autre bras qu'elles immobilisent.

(Cette clé peut également se porter étant à cheval sur l'individu.)

*
* *

Tension de Vertèbres cervicales.

Votre adversaire étant étendu sur le dos et vous placé en croix sur lui, sur un côté, le côté gauche par exemple, comme le montre la fig. 39, passez un bras (ici le droit) derrière sa tête de façon à venir lui saisir le menton avec votre main droite; calez son corps avec votre genou gauche et en vous aidant de votre bras gauche placé en ceinture; tirez le menton dans la direction de son épaule gauche et faites appui avec votre coude sur le sommet de la tête. Ce coup doit être expérimenté avec prudence; porté à fond, il est mortel (rupture du bulbe par luxation cervicale); poussé seulement avec trop de force ou trop de vitesse, il peut soit endommager l'articulation de la machoire, soit amener par la distension des désordres divers de la partie antérieure du cou.

(*Fig. 40*)
Un dégagement de prise de tête.

Etant pris ainsi, placer le genou droit contre les reins du sujet et la partie osseuse postérieure de l'avant-bras droit sur le côté gauche de son cou; saisir ensuite son corps avec le bras gauche à hauteur de ceinture, le tirer à soi, avec ce bras pour le faire rouler sur le plan incliné formé par votre cuisse droite, (ou gauche) pendant que vous appuyez fortement de l'avant-bras droit ur le côté du cou. L'adversaire facilite d'autant [illegible]s à la bascule de son corps que son étreinte est plus serrée et il l'abandonne sous la torsion douloureuse des vertèbres cervicales.

Même prise (autre dégagement).

Pression sous-auriculaire. L'index introduit

dans la cavité qui se trouve derrière l'oreille juste au-dessous du trou auditif, puis poussé obliquement en haut et en avant dans la direction de l'œil opposé, provoque une douleur aigüe et diffuse, qui varie suivant l'orientation de la pression et fait lâcher prise.

(*Fig. 41*)

Clé du bras ou de l'épaule.

Ayant posé le pied gauche sur le bras droit de votre adversaire étendu sur le dos, comme le montre la figure ci-dessus, et son poignet gauche étant sous votre aisselle droite, placez le dos de votre main droite sous la pointe extérieure de son coude, appuyez avec le corps de façon à lui faire fléchir légèrement le bras; poussez alors son coude, du dos de votre main droite, comme si vous vouliez amener ce coude vers son épaule opposée.

Le corps étant calé par votre pied gauche posé sur son bras droit et ne pouvant suivre le mouvement de torsion, cette prise menace de produire la désarticulation de l'épaule.

Cette clé se présente surtout après le déséquilibre des « Ciseaux » (voir fig. 66) si le jiu-jitsuan se trouve étendu à terre parallèlement au corps de son adversaire et couché sur un de ses bras.

A l'instant où l'adversaire dégage son bras gauche par exemple, le jiu-jitsuan entoure ce bras avec son bras droit, de même façon que ci-dessus, et force de bas en haut sur la pointe du fléchi.

Durant ce temps les jambes doivent rester enchevêtrées comme au moment de la chute, de façon à caler le corps.

12me Leçon

Des prises de ceinture. — Parades Ceinture avant.

Sur une tentative de prise sous les bras ou une prise de ceinture avant, on peut, à force égale, avoir une clé d'immobilisation debout de la façon suivante :

(*Fig. 42*).

Enveloppez brusquement d'un bras un des bras de l'agresseur de façon à ce que son poignet maintenu sous votre aisselle, votre avant-bras passant sous son triceps vous puissiez forcer sur l'articulation du coude en lui portant votre main libre (qui pousse) sur le plat de l'épaule. La main, qui est passée sous le triceps, se pose à plat, pour fermer la clé, sur votre autre bras.

De cette façon, sous la douleur, votre adversaire incline le corps de côté. Si vous appréhendez de ne pouvoir le maîtriser par cette clé, exécutez l'envoi à terre.

Cette prise a donc deux fins possibles.

L'envoi à terre peut se faire par un tour de hanche ordinaire, ou un crochet extérieur (1).

Tournevire. — Autre Parade (2).

Tous les lutteurs connaissent cette façon discourtoise, sur une prise de ceinture avant, d'envelopper de leurs deux bras, d'un coup sec, les deux bras de leur partenaire afin d'éviter la prise de ceinture.

Ce coup, fait brutalement par un homme fort, peut, en effet, briser les deux bras de l'adversaire, ou tout au moins produire aux coudes de graves lésions.

Contre une tentative de ceinture : jetez en dehors des deux bras de votre adversaire et par-dessus, vos deux bras qui viennent enserrer les siens plus haut que les coudes, de

(1) Voir fig. 68.

(2) Le Jiu-Jitsu possédant assez de ressources, les Tournevires sont à peu près superflus dans le *self-defence* et ressortent plutôt du domaine du tapis que de la rue. Néanmoins, nous indiqons ces coups, parcequ'ils se trouvent dans l'enchaînement des prises ou des attaques.

(*Fig. 43*)

même que dans le coup précédant. Maintenant bien cette prise en agrippant vos mains à ses parements, portez votre genou (droit ou gauche, suivant votre facilité) à hauteur de son bas-ventre et, si possible, en faisant passer le pied entre ses deux cuisses, fléchissez sur l'autre jambe qui, par un sursaut, dans le même temps, *s'est placée le plus près possible des jambes* de l'adversaire, puis allez à terre avec souplesse;faites en vous renversant une détente de la jambe qui s'est placée au bassin de l'adversaire. Celui-ci se trouve de la sorte projeté en culbute avant; conservant toujours votre prise des bras, vous le suivez dans sa culbute, de façon à arriver à cheval sur son corps, qui se trouve placé sur le dos. *Voir « La Roue », fig. 62, 63, 64, même principe.*

Ce coup ne doit, d'ailleurs, jamais être répété en vitesse, car le moindre manque d'entente entre les partenaires, le moindre mouvement involontaire de l'un ou de l'autre amènerait des lésions durables des poignets et des coudes, ou des chocs graves de la région abdominale.

Afin d'éviter un accident possible dans l'exercice de ce coup, on fera bien après avoir saisi, comme il est dit, les deux bras de son partenaire et avant de partir sur le dos, de lui faire mettre à plat ses deux mains qui dépassent et dont les poignets pourraient être tordus dans la chute.

Si votre adversaire a réussi sa ceinture et s'il ne vous a déjà soulevé, vous pouvez la rompre en le repoussant de vos deux mains sous le menton ou, au besoin, sous le nez. (*Voyez fig. 44*)

(*Fig. 44*)

Tension des Vertèbres cervicales.

Si vous avez déjà perdu pied, vous pouvez avoir la parade par la torsion de tête, c'est-à-dire : placez le talon de votre main droite sur le côté droit de son menton et votre main gauche à plat, au sommet et derrière sa tête (ou vice versa, suivant la commodité de vos mains) et de vos deux mains ainsi posées, faites effort sur cette sorte de manivelle, de façon à lui amener le menton sur l'épaule gauche.

(Fig. 45)
Tension des vertèbres cervicales

Afin de contrarier la résistance, cette torsion doit être combinée avec l'inclinaison de la tête en avant, c'est-à-dire qu'en même temps que votre main gauche, qui est placée derrière la tête (les doigts allant jusqu'à l'oreille) tire sur le côté, elle doit pousser la tête comme pour amener le menton sur la poitrine.

Vos jambes doivent être toujours prêtes à envelopper l'adversaire pour éviter tout au moins son balancement.

Dès que l'adversaire a lâché sa prise, il se prête toujours à un tour de hanche du côté opposé à celui où sa tête est tournée.

(*Fig. 46*)
autre dégagement par Tournevire

Si vous êtes pris sur les deux bras, passez une

de vos jambes entre les jambes de votre adversaire, en même temps que vous saisissez de vos deux mains ses vêtements à hauteur des poches et culbutez en arrière.

N'ayant pu placer une jambe entre les siennes, saisissez toujours avec vos deux mains ses vêtements aux poches, calez le plus possible vos genoux contre les siens, fléchissez sur vos deux jarrets à la fois, laissez-vous tomber en arrière en tournant sur le côté et revenez sur lui.

(*Fig. 47*)

Il ne faut pas oublier qu'on peut également porter un étranglement sur une ceinture avant.

Toutefois, quand la ceinture est faite d'une façon plus classique, c'est-à-dire les coudes au corps recourbé, les avant-bras seuls détachés et la tête basse, l'étranglement peut être tenté en collier de force.

13me Leçon

De la Ceinture arrière. — Dégagements.

(*Fig. 48*)

Le mouvement instinctif pour se dégager de cette prise est généralement de tenter de délier l'étreinte des mains. Donc, si on a saisi un pouce, s'en servir comme il est indiqué et prendre sur un bras la clé du **Viens donc,** mentionnée à la figure 8, avec cette différence que l'adversaire, au lieu d'être placé sur votre côté, se trouve derrière vous. Sans abandonner cette clé, si on ne veut employer le moyen extrême, qui serait de faire sauter l'articulation du coude, on amène l'adversaire à terre par un crochet extérieur ou un tour de hanche.

Dans tous les cas, dès qu'on est saisi en ceinture arrière, faire immédiatement usage des jambes pour éviter le balancement qui doit tenter de vous projeter à terre.

(*Fig. 49*)

Ceinture arrière (autre dégagement)

Passez une jambe entre les jambes de votre assaillant, crochetez-lui un pied extérieurement et poussez sur le genou comme le montre la figure ci-dessus en vous laissant tomber sur lui.

Prise probable découlant de la riposte précédente.

(*Fig. 50*)
Torsion du pied

Etant tombé assis sur l'autre jambe que vous calez ainsi, saisissez la pointe du pied de votre main gauche, le talon avec votre main droite et tordez **intérieurement** tout en **allongeant** le pied.

Ceinture arrière (suite)

Si, en vous baissant vivement, vous avez pu saisir une jambe de votre adversaire entre les deux vôtres, tirez-la brusquement en vous laissant tomber en arrière, et tordez le pied, comme il est dit ci-dessus.

Si c'est la jambe droite que vous avez saisi, prenez avec votre main gauche le bout de son pied et avec votre main droite le talon intérieurement. Si c'est la jambe gauche, c'est votre main droite qui pousse sur le bout du pied pendant que la gauche tire derrière le talon.

***

(Fig. 51)

Ceinture arrière (suite)

Si, au lieu d'avoir placé votre jambe droite

entre les deux jambes de votre adversaire (comme le montre la figure 49) et que la mollesse de la ceinture vous permette un léger dégagement, faites un brusque mouvement à droite (ou à gauche), portez votre jambe droite en dehors des siennes et, derrière sa jambe gauche, votre genou au creux poplité et faites-le basculer en vous laissant tomber dessus.

* * *

(Fig. 52)
Dégagement

Comme le montre la figure ci-dessus, si vous vous laissez tomber avec l'adversaire, son bras droit se trouve pris sous votre corps, son coude étant calé par le sol, la prise immédiate est la flexion du poignet.

Nous appelons l'attention sur cette prise en self defence parce qu'en assaut les petites prises sont généralement négligées autant par courtoisie entre partenaires que par amour-propre sportif.

Elles servent quelquefois en assaut, pour aider à un dégagement, mais ne servent jamais de coup final.

14me Leçon

Dégagement d'une ceinture arrière portée sur les bras.

(*Fig.* 53)

Tournevire. — Dès la saisie de la ceinture arrière, si vous avez passé une jambe entre les deux jambes de votre adversaire, calez le plus possible vos fesses dans son bassin, maintenez de vos deux mains les manches de votre adversaire pour qu'il ne dégage lui-même sa ceinture, fléchissez sur votre autre jambe et projetez-vous vivement en culbute en avant (1).

La répétition de ce coup devra toujours être faite en décomposant, car dans la culbute on revient par trop brutalement sur le corps du partenaire.

---

(1) On peut également et plus facilement, dès qu'on a décalé l'adversaire d'un redressement de jarrets, **se jeter sur le côté** en tombant sur lui. Il en est de même pour la double prise d'épaules.

Dégagement d'une double prise d'épaules.

(Fig. 54)

Ce tournevire s'emploie également comme parade d'une double prise d'épaules, mais à la condition de forcer sur vos bras afin d'éviter la pesée dangereuse sur le sommet de la tête qui vous immobiliserait, si ce n'est plus (1).

(1) Lorsque vous portez une double prise d'épaules, la pesée des deux mains, pour être efficace, doit se faire le plus haut possible sur la tête, de façon à avoir le plus grand levier. — C'est un coup dangereux à porter brutalement.

DEUXIÈME PARTIE

DÉSÉQUILIBRES

DEUXIÈME PARTIE

15me Leçon

DÉSÉQUILIBRES

Des battements de jambes.

Avant l'emploi de tout déséquilibre, on doit considérer :

La taille de l'adversaire (élancé ou trapu), sa force probable et son poids; car tel déséquilibre efficace sur l'un réussira mal ou moins bien sur un autre;

La façon dont l'adversaire se présente : la position de ses jambes, de son corps et, s'il vous a saisi, la position des bras : s'il les raidit en vous éloignant de lui ou les recourbe en vous attirant à lui.

Donc, pour la leçon, nous partirons de ce principe : « L'adversaire ayant telle position... »

La saisie préférable est de prendre d'une main la manche au coude, mais extérieurement, c'est-à-dire votre bras en dehors de celui de votre partenaire; l'autre main, au collet, mais le plus haut possible.

La prise ainsi vous permettra souvent, dans certains cas en tirant sur le coude et en poussant sur l'épaule opposée de faire avancer ou reculer une jambe dont vous attendez la position favorable pour porter votre coup.

Les déséquilibres par battements de jambes sont laborieux si on veut arriver à un bon résultat; ils demandent une grande vivacité d'exécution et surtout un coup d'œil d'à-propos. Bien qu'ils soient placés en tête de ce chapitre, l'élève, pour ne point se décourager, pourra passer aux autres déséquilibres, quitte à revenir à ceux-là. Les battements de jambes offrent les avantages d'acquérir une grande notion d'équilibre, du coup d'œil et d'envoyer son adversaire à terre, sans force, par des coups très gracieux.

Les Japonais font ces battements de la plante du pied sur le bord externe du pied du partenaire et évitent ainsi les coups aux chevilles, douloureux et moins efficaces même dans le combat.

*
* *

Les clefs de la première partie étant la conséquence des déséquilibres, l'élève devra se rendre

(*Fig. 55*)

Un Principe de Déséquilibre de pied ferme extérieur sur le pied qui est en avant.

compte **théoriquement,** après chaque chute, de la position occupée à terre par le corps de son partenaire et de la clef que cette même position lui rend naturelle et facile. Plusieurs clefs peuvent, d'ailleurs, s'offrir à la fois. Ensuite, l'homme tombé doit se rendre compte, avec son aide, des dégagements et des ripostes qui peuvent s'offrir.

En assaut, l'arm-lock doit être pris d'une telle vitesse, qu'il suit, sans transition, la jetée à terre et semble pour l'œil la fin de la chute.

Quatre Temps :

1° En poussant (1) du côté opposé à celui dont on veut la chute;

2° En soulevant, par un battement, le pied qui se trouve par ce fait décalé;

3° En tirant légèrement à soi;

4° En tirant de côté.

Dans la pratique, ces quatre temps sont réduits

---

(1) Le terme " en poussant " est impropre parce qu'il implique dans l'esprit une certaine force ou brutalité plutôt nuisible au coup qui demande seulement de la vitesse et du doigté. Par conséquent on s'exercera de la façon suivante au mouvement suivant :

Votre partenaire vous tenant naturellement, saisissez-le de la main gauche au collet, de la main droite (s'il a la veste japonaise à manches courtes) sur la saignée du bras droit, le pouce entré en dedans de la manche, les autres doigts agrippés en dessus, sa jambe gauche étant en avant, exercecez-vous en tenant cette prise de manche à passer vivement le talon de votre main sous le coude; cela est suffisant pour décaler le pied qui doit être battu sur ce temps-là.

Nous devons insister tout particulièrement sur la réaction de l'adversaire à la traction. Cette réaction peut s'obtenir avec une traction très légère et on peut en tirer partie soit en poussant, soit encore en tirant de nouveau, juste quand la réaction cesse et que les muscles sont indécis pour un instant.

à deux presque simultanés : le premier et le second dans le même temps, le troisième et le quatrième dans l'autre

*
* *

Dans les battements, il y a deux principes qui rompent l'équilibre :

1° Dans le cas où la jambe, prise au vol, projetée en avant et sur le côté, la traction aux vêtements agit sur un côté sans appui (fig. 55);

2° Lorsque le pied, battu au moment où il va se lever pour se déplacer sur le côté, se trouve par conséquent calé par votre battement et que l'autre pied de l'adversaire vient se placer à côté du pied maintenu. La base de sustentation étant un point (voir fig. 56), la tirée aux vêtements sur le côté détermine la chute.

Les autres battements comportent quatre exercices :

En avançant sur le partenaire qui recule;

En reculant devant le partenaire qui avance;

En le suivant sur des pas de côté, à droite ou à gauche.

En Avançant

Faites le battement au moment où le pied se lève de terre pour se porter en arrière et tirez du côté du battement.

En Reculant

Battez la jambe qui s'avance au moment où le pied va se poser à terre et tirez de ce côté.

(*Fig.* 56)
Sur le côté.

En exercice, faites des pas sur le côté, en sautant, et battez le pied de votre partenaire à l'instant où il va se déplacer et tirez légèrement de ce côté.

***

Afin d'acquérir la précision et le coup d'œil nécessaires aux battements de jambes, il faut s'exercer à la marche en avant, en arrière et de flanc, avec lenteur d'abord, mais toujours avec rythme et avec légèreté.

***

On peut porter les battements après avoir saisi l'adversaire d'une main au coude et l'avoir tiré comme si on voulait lui imprimer, en reculant, un mouvement circulaire autour de soi. Dans ces conditions, si vous avez saisi votre adversaire au coude gauche, avec votre main droite, vous devez l'entraîner circulairement vers votre droite et c'est votre pied droit qui bat son pied gauche au moment opportun.

En pratique, la saisie au coude et la traction doivent être opérées par surprise, c'est-à-dire assez brusquement.

La saccade brusque donnée par la traction peut annihiler ou faire dévier un coup de poing.

Ce genre de chute est difficile à obtenir sur un adversaire d'un poids par trop supérieur.

Brise-chute. — Exercice

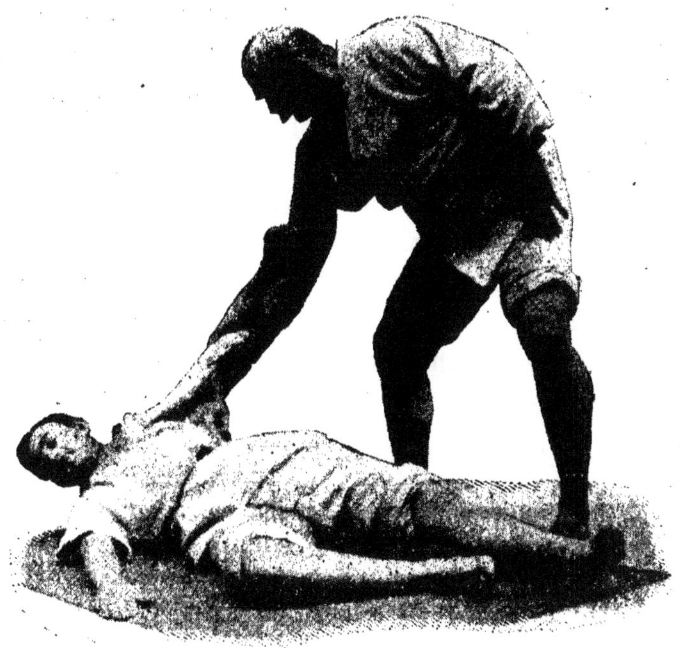

(*Fig. 57*)

Vous tenant aux vêtements de part et d'autre, faites-vous battre la jambe gauche **par le partenaire** qui vous sert de professeur, fléchissez lentement sur la jambe droite comme si vous vouliez vous asseoir à la place qu'occupait votre pied battu (votre corps faisant un déplacement semi-circulaire vers la gauche); élevez en même temps le bras droit allongé, horizontalement, dans la direction de l'épaule, de façon à frapper **fortement** le tapis avec l'avant-bras et la paume de la main, fût-ce 1/5 de seconde avant que le dos touche le sol, tout en vous tenant fortement agrippé de l'autre main aux effets de votre antagoniste.

Le bras qui frappe le sol doit former, au moment où il arrive à terre, un angle d'environ 45 degrés avec le corps. Ce dernier détail est important. Non seulement les brise-chutes évitent les commotions désagréables dans les chutes brusques, mais ils vous permettront de vous remettre debout plus promptement et d'être plus vifs à une riposte.

C'est du reste par cet exercice que les professeurs japonais font commencer à leurs élèves l'étude du jiu-jitsu.

La crainte, dans le début de cet exercice, vous fera peut-être partir le bras courbé ou arrondi, c'est une erreur qu'il faut combattre et partir le bras bien allongé. Un frappé, même fort, fait avec la main **seule** n'a aucune efficacité.

16me Leçon

Du Tour da hanche.

A l'inverse du lutteur qui, dans un tour de hanche, écarte les jambes de façon à avoir une base la plus grande possible, les Japonais, au contraire, font le tour de hanche les pieds presque réunis, mais à cette condition que leurs pieds soient le plus près possible de ceux de l'adversaire, le corps plié presque sous lui et les jarrets fléchis.

(*Fig. 58*)
Un Tour de hanche.

Tenant votre adversaire comme il est dit, c'est-à-dire une main au coude gauche, par exemple, et l'autre au collet, levez-lui le coude pour vous donner l'aisance de passer sous lui tout en tirant ce coude vers votre droite afin d'amener votre adversaire à résister dans le sens opposé; tournez-vous brusquement dans un demi-tour à gauche, de façon à ce que vos fesses aillent toucher son bassin ou sa hanche droite et terminez le coup par la détente de vos jarrets fléchis au premier temps.

Dans les tours de hanche, il faut que ce soit le coup de jarret du premier temps qui décale l'adversaire en le soulevant de terre, les bras doivent servir seulement à l'entraînement du corps par bascule et sans force (1).

Règle générale. — Faire toujours précéder un déséquilibre par une feinte d'un autre déséquilibre. Mais il va sans dire que ce tour de hanche peut être porté tout aussi bien dans une entrée d'emblée.

Dans tous les déséquilibres en tour de hanche, l'arm-lock est la prise immédiate qu'on doit s'habituer à porter sans transition avec la chute, c'est-à-dire avant que l'individu se soit ressaisi de sa jetée à terre. La clef doit en quelque sorte être liée au déséquilibre et être la continuation de ce coup.

---

(1) **Ce tour de hanche peut également être placé en lutte gréco-romaine, par prise de ceinture avant. Se portant avec les fesses sur le bassin comme sur la hanche, il a l'avantage d'être plus vite et plus facilement applicable que le tour de hanche de lutte.**

Arm-lock

(*Fig.* 59)

Un arm-lock (1) d'une façon particulière qui se présente plus spécialement comme prise immédiate sur tour de hanche. Son principe est le même que pour l'arm-lock ordinaire, une cuisse se glisse, au moment de la chute, au point d'appui, c'est-à-dire à 10 centimètres environ au-

(1) A moins que d'être porté brutalement et vite, cet arm-lock, a différence sensible de force physique, n'offre pas la garantie d'immobilisation indiquée par les figures 24 et 27.

dessus du coude; l'autre jambe a passé par-dessus le poignet, elle pourrait à elle seule remplacer votre main et briser le bras; mais la force de la jambe est telle, que le bras pourrait être brisé; aussi ne doit-on se servir de cette ressource que dans le cas de légitime défense. Elle est dangereuse à simuler, même en leçon, à plus forte raison en assaut. L'autre main, dans cette prise, pousse sous le menton pour fixer le corps, et par la douleur ressentie au cou, provoque le relâchement des muscles de l'adversaire.

*
* *

Même Arm-lock. — Clé différente.

Dans la même position que ci-dessus, c'est-à-dire côte à côte avec l'adversaire, l'arm-lock peut être porté de façon différente : Faites passer la jambe la plus rapprochée par-dessus le bras de façon à vous retrouver à genou sur cette jambe, après avoir enveloppé le triceps de votre partenaire entre votre cuisse et votre mollet; placez un coude à terre, contre sa figure; faites levier de l'autre main sur le bras que vous allongez en vous aidant au besoin de votre jambe libre pour faire appui du pied sur le poignet pris. Votre corps maintient sa stabilité en pesant autant que possible sur l'adversaire. Cet arm-lock demande une grande souplesse des jambes comme aussi une grande vivacité d'exécution.

Une Riposte sur attaque à la gorge ou sur prise aux vêtements.

(*Fig. 60*)

Démonstration sur prise aux vêtements

Votre adversaire vous ayant pris aux vêtements, les deux bras parallèles et à hauteur des épaules, saisissez-lui vivement les deux poignets, élevez-les violememnt comme pour vous en dégager, mais en réalité pour vous faciliter le passage, et, dans le même temps, tournez brusquement devant lui en rentrant vos reins sous ses bras, que vous maintenez toujours aux poignets, et de façon à ce que votre hanche droite (ou gauche, suivant le côté où vous avez tourné) appuie contre son bas-ventre. La détente de vos jarrets fléchis et une tirée sur les bras détermine la chute qui fait passer votre agresseur en saut de mouton par-dessus votre corps penché en avant.

Dans le mouvement brusque que vous faites en vous tournant, les deux bras de votre adversaire se trouvent croisés en X au moment où vous déterminez la chute. De là, danger.

Ce coup peut être porté comme parade du coup de tête lorsque l'assaillant vous a saisi au collet.

17me Leçon

Passements de jambes. — De la base de sustentation.

Avant d'entrer dans l'étude théorique des coups qui suivent, nous devons appeler l'attention de l'élève sur une considération essentielle : C'est un principe que le corps repose sur les jambes par équilibre, par conséquent, le point faible de cet équilibre se trouve dans la poussée perpendiculaire à la ligne imaginaire qui va d'un talon à l'autre. Dans tous les déséquilibres et plus spécialement dans ceux qui s'attaquent aux jambes tel que le suivant, et notamment dans les battements et dans les ciseaux, voire même dans le tour de hanche, il s'agit donc de pousser ou de tirer perpendiculairement, même sans effort, sur cette ligne limitée.

(*Fig. 61*)

Le Pull Over.
Passement de jambe en avant sur une poussée de l'adversaire, étant face à face.

Théorie du coup.

1° Passez votre jambe gauche devant votre jambe droite et portez-la un peu en dehors et en avant du pied gauche de votre partenaire, sur le prolongement de sa ligne de sustentation (1);

2° Pivotez vivement sur votre pied gauche et passez la jambe droite allongée devant et contre ses jambes qu'elle limite, votre corps se trouve en dehors et contre sa cuisse gauche;

3° La traction semi-circulaire au collet de vos deux mains et du poids de votre corps, dans le même temps d'exécution détermine sa culbute en avant.

Ce coup exige une certaine vitesse.

*
* *

Le Pull over peut se faire aussi, quand la position de l'adversaire le permet, en barrant les jambes par derrière. Il se porte également en restant debout dans les deux cas (Voir fig. 77).

---

(1) Ce premier temps ainsi décomposé par la théorie doit, dans la pratique, devenir imperceptible et se fondre avec les autres mouvements. Il en est de même du premier temps des *Ciseaux*, page 145.

18me Leçon

La Roue

(*Fig. 62*)

Sutemi (Sacrifice) (1)

Faire passer l'adversaire par dessus la tête.

(1) Les Japonais appellent un « sacrifice », les procédés qui consistent, devant un adversaire trop lourd, à se jeter soi-même à terre pour l'y entrainer.

Démonstration. — Etant face à face, votre adversaire vous ayant saisi aux vêtements, et de préférence les bras raidis et les deux jambes presqu'à la même hauteur :

1° Placez lui vivement le pied droit (ou gauche) dans l'aine ou à hauteur du bas ventre en même que par un léger sursaut votre pied gauche se place le plus **près possible** entre ses deux pieds.

2° Fléchisez sur votre jambe gauche et asseyez-vous le plus près possible (1) de l'adversaire en tirant fortement sur son collet;

3° Culbutez en arrière en allongeant la jambe droite et sans lâcher la prise du collet, revenez sur votre adversaire, comme le montre le troisième temps de la figure ci-après.

(*Fig. 63*)

La Roue. (3e temps).

(1) Tous les débutants ont une tendance à s'assoir trop loin des pieds de leur partenaire, ce qui rend la bascule difficile, quelquefois même impossible et ils se trouvent ainsi placés dans une mauvaise situation.

Dans les assauts entre débutants de même force, la Roue est le déséquilibre le plus souvent et le plus facilement applicable. On doit l'exécuter de préférence en profitant d'une poussée de l'adversaire ou d'une attaque lorsque celui-ci marche sur vous pendant que vous reculez. On provoque même la poussée en le poussant soi-même jusqu'à ce qu'il résiste. Ce coup peut être également porté de pied ferme.

(*Fig. 64*)
La Roue. (4° temps et prise.)

Note sur la chute dans la roue. — Afin d'éviter la secousse au corps, la chute doit être faite en roulant en boule, la tête rentrée, comme il est prescrit dans les exercices préliminaires et non en se recevant en pont sur les pieds comme dans les sauts périlleux.

***

Parade.

Faire un vif sursaut sur le côté et en avant, de

façon à se dégager de la jambe d'appui de l'adversaire (**riposte**) et tomber immédiatement sur lui à plat et en croix (Voir fig. 39).

(Fig. 65)

Demi-Roue.

Si votre partenaire vous tient les bras raidis, une jambe en avant, mais non fléchie au genou :

1° Portez votre pied correspondant en dehors ou mieux, si possible, sur le pied qui est en arrière pour le caler;

2° Placez en même temps votre autre pied, la

pointe **très ouverte,** sur l'autre jambe à mi-cuisse;

3° Laissez-vous glisser sur les fesses comme pour la roue en faisant la traction au collet, et sans lâcher cette prise, faites une détente en même temps de la jambe qui agit sur la cuisse de votre adversaire. Celui-ci projeté sur le côté vous entraîne, par l'impulsion de son élan, à cheval sur lui.

Dans le cas où la jambe qui est en avant est fortement fléchie au genou, comme une garde d'escrime, la demi-roue s'exécute dans le sens contraire : le pied qui se trouve en avant est calé et c'est sur la jambe qui se trouve en arrière, à mi-cuisse ou dans l'aine que votre pied correspondant se place.

Recommandation sur la chute. — La plupart des débutants, dès qu'ils se sentent projetés sur le côté par cette chute, ont une tendance à porter une main en avant, c'est une imprudence; ils risquent fort de se recevoir sur le bout des doigts ou le dos de la main et de se luxer le poignet. On ne doit donc pas abandonner la prise aux vêtements qui, d'ailleurs, pourra servir après la chute encore à se défendre.

19me Leçon

Les Ciseaux. — (Sacrifice).

(*Fig. 66*)

Démonstration.

Tenant votre adversaire aux vêtements, une main au col de sa veste, l'autre à la manche et face à lui, vous lui placez les ciseaux de la façon suivante :

1° Faites passer votre pied gauche devant votre pied droit, qui reste immobile, et portez-le à 10 centimètres environ en dehors du pied gauche de votre partenaire;

2° Pivotez sur votre pied gauche en faisant passer votre jambe droite allongée devant votre partenaire, à hauteur des cuisses ou de la ceinture, suivant sa taille, en même temps que vous abandonnez votre prise de la main gauche. Vous vous trouvez alors dans la position figurée ci-dessus;

3° Tout en conservant la manche que tient votre main droite et qui vous aide à vous recevoir à terre sur la main gauche, glissez votre jambe gauche derrière les talons du sujet que vous entraînez sur le dos (1).

Ce coup qui, au premier essai, peut paraître compliqué, devient par la suite d'un usage familier. On arrive à l'exécuter à la volée, sans avoir besoin d'avoir saisi au préalable l'adversaire aux vêtements et à une distance de celui-ci qui varie suivant l'agilité de l'exécutant.

Les Japonais exécutent les ciseaux sur un adversaire armé d'un couteau ou d'un bâton à une distance et avec une précision surprenantes.

(1) Il est cependant préférable, dès qu'on à acquis une plus grande souplesse dans l'éxécution de ce coup de porter au creu prplité la jambe qui passe derrière celles de l'adversaire

(*Fig. 67*)

Ciseaux croisés.

Partant du même principe, le premier mouvement est le même que pour les ciseaux ordinaires.

2e mouvement, passez votre jambe droite devant la jambe gauche de votre partenaire, votre coup-de-pied arrivant derrière sa jambe droite à hauteur du creux poplité;

3e en vous jetant sur le côté et en vous recevant sur votre main gauche, passez seulement votre pied gauche derrière son talon gauche et continuez le coup.

La chute pour le partenaire est alors plus dure que pour les ciseaux ordinaires. Sa jambe droite se trouvant soulevée dans la chute, il tombe plus lourdement.

Les ciseaux croisés sont faits lorsque le sujet a les jambes plus écartées.

On doit s'habituer à faire ces deux coups sur le côté droit comme sur le côté gauche.

* * *

Les ciseaux peuvent être portés, de face, sur une seule jambe, lorsque le partenaire se trouve suffisamment fendu pour permettre d'engager franchement une jambe entre les deux siennes.

20me Leçon

(*Fig. 68*)

Crochet externe.

Ce crochet est surtout porté dans une entrée brusque : Ayant saisi, par exemple, le poignet droit ou la manche de votre adversaire avec votre main gauche, tirez ce bras à vous (pour contrarier le mouvement et lui faire avancer la jambe) et portez une vive poussée avec votre autre main au défaut de son épaule droite, pendant que vous crochetez extérieuremnt, en le soulevant, son jarret droit avec votre jambe droite.

* * *

(*Fig. 69*)

Crochet interne.

1° Si votre partenaire est franchement fendu, presque en corps à corps et que son pied gauche, en avant, se trouve contre votre pied droit, mais extérieurement, tournez-vous vivement d'un quart de cercle à gauche, en crochetant intérieurement sa jambe gauche sous la cuisse avec votre jambe droite; votre jambe gauche étant fléchie se détend au même temps du crochet, de façon à décaler, fût-ce légèrement, votre adversaire de terre. Votre main droite, qui est au col, aide également au soulèvement et votre main gauche, qui est au coude, agit sur le côté par une traction presque semi-circulaire vers votre gauche pour embarquer l'adversaire sur le dos;

2° Le crochet interne tel qu'il est décrit cidessus n'est possible que sur un adversaire de taille moins élevée ou tout au plus égale. Cependant il peut être porté sur un adversaire plus grand, en se laissant tomber sur le côté après avoir soulevé, autant qu'on l'a pu, la jambe crochetée. La base de sustentation ayant été réduite à un point.

21me Leçon

Assouplissement.
Travail des jambes.

(*Fig. 70*)

Terrasser l'adversaire étant tombé à terre.

Cet exercice consiste à crocheter un pied, extérieurement, à hauteur de la cheville, pour le limiter, pendant que l'autre pied fait une vive pression opposée sur le côté intérieur du genou. On s'exerce à appliquer ce coup lorsque étant tombé à terre, l'adversaire s'élance sur vous. C'est un travail d'agilité.

(*Fig. 71*)
L'over throw.

Vos deux mains tenant votre adversaire au collet, naturellement ou mieux sont croisées comme dans la prise d'étranglement : la main droite, les doigts en dessous, le pouce en dessus, le plus haut possible au col, du côté droit du cou de l'adversaire, la main gauche plus basse, au parement, attirez-vous une poussée et dans ce même temps, tournez-vous brusquement dans une demi-volte à gauche, en faisant passer votre coude droit dans la saignée de votre bras gauche, votre poignet droit venant se placer sur votre épaule droite. Vous trouvant ainsi placé le dos contre la poitrine de votre adversaire, vos fesses touchant ses cuisses et bien sous lui, les jarrets fléchis, faites-le passer par-dessus vous dans le même temps que vous raidissez les jarrets et tirez en avant.

22me Leçon

Ceinture japonaise.
Démonstration théorique.

Etant en corps à corps, votre adversaire droit sur ses jambes, la jambe droite légèrement en avant, reculez d'un pas en arrière pour porter votre pied gauche (s'il n'y est déjà) en dehors et contre son pied droit ; jetez votre bras autour de son corps et saisissez derrière lui sa ceinture ou la boucle de son pantalon, votre main gauche tenant au coude, fléchissez sur votre jambe gauche en tournant le talon dans la direction de l'adver-

(*Fig. 72*)

saire, placez le côté externe de votre mollet horizontalement sur le côté extérieur de sa cuisse, penchez votre corps sur le côté gauche et soulevez votre antagoniste, dans un mouvement de bascule, par une brusque détente de vos deux jambes.

L'adversaire, dans ce déséquilibre, pivote sur le pied droit et tombe horizontalement sur le dos.

Le Spring, qui est un coup très élégant, est aussi le plus difficile à réussir du jiu-jitsu, il ne peut être porté facilement que sur un adversaire d'un poids relativement léger et il exige, pour sa réussite, en assaut, un long et patient travail.

* * *

Le Spring.

Saisissez votre adversaire par le collet et la manche du même côté ; la main droite par exemple a pris au collet les doigts en dessous, le pouce en dessus, la main gauche au coude droit de l'adversaire ; alors que vous reculez avec votre pied gauche, attirez le haut du corps de votre adversaire à vous ; levez votre jambe droite jusqu'à ce que votre tibia croise ses cuisses, et, en vous penchant à gauche (aux hanches), soulevez le collet avec votre main droite dans la direction de votre corps penché, tirez fermement avec votre main gauche, en tendant la jambe droite et en raidissant la jambe gauche.

Le mouvement de recul que vous faites avec votre pied gauche est seulement pour vous faciliter la position de votre jambe droite, car il faut aussi

(*Fig. 73*)
Même coup, même chute. (Prise différente).

que ce pied soit le moins éloigné possible des pieds de l'adversaire, autrement le mouvement de bascule que vous cherchez dans ce coup serait impossible. La position de ce pied importe beaucoup également pour la réussite : le talon doit être tourné vers l'adversaire la pointe du pied bien en avant.

Pour l'étudier exercez-vous sur un partenaire de votre taille et assez léger et trichez le coup qui sera peut-être un peu moins élégant en faisant toucher votre fesse droite en même temps que votre tibia.

23me Leçon

Déséquilibre par culbute (Sacrifice) en brisant la ligne d'équilibre.

(*Fig. 74*)

Face à face, votre adversaire se tenant sur une grande garde, pareille à celle des lutteurs, sa jambe gauche en avant. Saisissez-le avec votre main gauche au collet et avec votre main droite à la manche, au coude ; portez **vivement** votre jambe droite **raidie** sur le côté de son genou gauche. **En même temps** que vous abandonnez votre prise de la main gauche, **faites un saut** sur votre pied gauche de façon à le porter sur la gauche de votre adversaire, en arrière de sa ligne de sustentation ; fléchissez en culbutant en arrière avec votre jambe droite toujours **raidie** (1).

(Fig. 75)

(1) **Ce coup peut être porté en restant debout, si, conservant la jambe droite « bien raidie », le saut que vous faites sur la jambe gauche vous porte (fût-ce légèrement) en arrière de la ligne de sustentation.**

Ce coup s'exécute également en plaçant le pied (la **jambe raidie**) sur le cou-de-pied et en dehors ou sur la cheville.

Votre culbute vous fait tomber en croix sur votre adversaire. (*Voir fig. 75*).

Ce coup doit être appliqué très vivement. La chute étant très dure, ne le porter en leçons que sur un bon tapis ou l'éviter dans l'assaut.

24me Leçon

DE L'ASSAUT

Recommandations générales.

Dans l'assaut entre débutants, chacun escompte d'avance le coup qu'il va porter. C'est une erreur de prévoir tel ou tel coup, on y attache trop l'esprit et ce coup ne se présentant pas, on laisse échapper les autres sans en saisir l'occasion. La circonstance doit seule donner le coup à porter.

On se rendra mieux compte de cette lacune en regardant deux débutants de même force faire assaut ; on verra mieux qu'eux les prises qui leur échappent, mais seule la pratique pourra donner le coup d'œil indispensable et l'esprit d'à-propos.

Chaque déséquilibre amenant l'adversaire à

terre dans une position déterminée, la pratique enseignera également la prise immédiate probable.

Généralement ces premiers assauts dégénèrent tout de suite en parties de lutte dans lesquelles les deux partenaires s'essoufflent sans avantages ; ils visent plutôt au corps, en négligeant les prises de membres, ils cherchent à venir sur leur adversaire et ceci est leur grande préoccupation, sans tenir compte que si on a l'usage des jambes, la position dessous est souvent la meilleure.

Dans les premiers assauts, on s'apercevra également qu'on profite mal des fautes du partenaire. Si votre adversaire vous porte un déséquilibre que vous avez évité, vous resterez un instant sous le plaisir de son insuccès, sans chercher à profiter immédiatement de cet instant d'instabilité qu'il a dès le coup porté et non réussi.

On doit arriver à combiner des feintes et des ripostes logiques sur chaque attaque.

En assaut, le corps doit être mou et on ne doit agir que par souplesse.

*
* *

Exemple de feinte et riposte en assaut entre jiu-jitsuan.

Ayant avancé une jambe pour amener votre adversaire à faire un battement, faites passer, en souplesse, votre jambe visée par-dessus la sienne, et, par un sursaut, placez-lui sur le côté qui vous a attaqué, un passement de jambe arrière ou un tour de hanche qui seront l'un ou l'autre des plus à propos.

(Fig. 76)

Esquive de battement de jambe.

(*Fig. 77*)

Passement de jambe arrière sur esquive.

Dans ce coup votre partenaire, plus exercé, soupçonnant l'esquive, aurait eu le beau rôle en faisant une feinte de battement de jambe et passement la jambe avant (V. fig. 61).

DE LA VESTE

La veste de jiu-jitsu doit être spécialement solide. Un vieux veston de ville serait bientôt arraché à toutes les coutures. De plus, dans la lutte, les boutons pourraient blesser par leur frottement.

On peut se faire confectionner une veste solide en toile coton à peu de frais : le découpage, d'une seule pièce, est très simple, il ressemble à une chasuble dont on coud les côtés, que l'on fend sur le devant et à laquelle on ajoute des manches. Toutefois, si le lé est assez large, on peut tirer les manches dans le découpage, ce qui est encore plus solide que de les rapporter. Les manches longues (un peu amples), sont préférables, car elles reproduisent le costume de ville. Sur l'emplacement du col on pique plusieurs épaisseurs de toile de 3 à 4 centimètres de largeur, pouvant bien résister aux tractions. Cette veste se ferme par une ceinture de toile ou de flanelle sans boucle ni crochet d'aucune sorte.

DU TAPIS

La difficulté est plus grande en ce qui concerne le tapis. Les Japonais se servent de nattes de deux mètres environ au carré, qu'ils aboutent les unes aux autres de façon à couvrir une surface d'une vingtaine de mètres carrés et qu'on peut facilement enlever après les exercices. Néanmoins, on peut constituer un tapis de fortune en recouvrant, avec une tapisserie quelconque, des paillassons en roseaux, d'une épaisseur de 2 à 3 centimètres, que l'on trouve facilement dans le commerce. Un tapis mou ne convient pas à ces exercices : Le pied n'y est pas solide, s'enfonce et des entorses peuvent en résulter. Du reste, quand on a l'habitude des chutes, on préfère la solidité du pied à la mollesse du tapis. Les Japonais s'exercent souvent sur des pelouses de gazon.

ERRATA

Clés découlant de la prise d'une jambe sur un coup de pied, en lutte, ou de toute autre façon

(*Fig. 34*)
Jetée à terre sur prise de jambe

La jambe est saisie comme en boxe. La chute est produite par un frottement interne sur l'autre jambe avec votre jambe la plus rapprochée. La chute donne comme probables les clés suivantes :

(*Fig. 35*)
Clé au tendon d'Achille

La douleur est produite en plaçant la tranche antérieure de l'avant-bras **sur** le tendon d'Achille ; l'autre main appuie sur le genou pour faire tendre la jambe et empêcher l'individu ainsi pris de s'agriper aux effets. Un de vos pieds se place sur l'autre jambe.

(*Fig. 36*)
Clé sur l'angle interne du tibia

La clé ci-dessus découle de la clé précédente. La main gauche a forcé sur le côté du genou pour amener l'adversaire à plat ventre ; la partie osseuse de l'avant-bras appuie sur la crête interne du tibia et rend la prise excessivement douloureuse ; sa jambe libre se trouve calée sous la jambe droite du jiu-jitsuan, dont le genou et la pointe du pied posent à terre.

Le point douloureux se trouve à 10 centimètres environ au-dessus de la cheville.

La figure 36, montre le jiu-jitsuan exerçant en même temps que la clé d'un tibia, une pression d'un de ses genoux sur la crête interne de l'autre tibia. Cette pression produit chez le sujet une douleur qui lui enlève toute velléité de résistance. La crête interne du tibia, plus aiguë que la crête antérieure, est incomparablement plus sensible.

TABLE DES MATIÈRES

L'esprit du Jiu-Jitsu V
PRÉLIMINAIRES : Assouplissements . . . 33

PREMIÈRE PARTIE

Première leçon

Torsion de main 45
Du pouce 51
Des prises de poignets 53
La morsure (riposte) 53

Deuxième leçon

Viens donc 54
Recommandations sur les arm-locks. 55
Flexion du carpe. 57
Retournement et clé de l'épaule 60

Troisième leçon

Du coup de tête 63
Riposte sur saut de gorge. 65

Quatrième leçon

Étranglements 69

Cinquième leçon

Parades à l'étranglement 72

Sixième leçon

Ripostes à l'étranglement 75

Septième leçon

Des arm-locks 79

Huitième leçon

Head-lock. 86

Neuvième leçon

Un retournement de bras 89

Dixième leçon

Une riposte sur coup de pied de flanc. Clés découlant de la prise d'une jambe 93

Onzième leçon

Une clé de l'épaule 98
Dégagement d'une prise de tête 100
Une torsion de bras. 101

Douzième leçon

Des ripostes sur prises de ceinture : ceinture avant 103

Treizième leçon

Ceinture arrière 113
Torsion du pied découlant d'une riposte sur ceinture arrière 114

Quatorzième leçon

Riposte sur ceinture arrière 117
Dégagement d'une double prise d'épaules . . 119

DEUXIÈME PARTIE

Quinzième leçon

DÉSÉQUILIBRES

Des battements de jambes. 123
Des chutes 130

Seizième leçon

Des tours de hanche 131

Dix-septième leçon

Des passements de jambes de la base de sustentation 137

Dix-huitième leçon

La Roue (faire passer l'adversaire par dessus la tête) 140

Dix-neuvième leçon

Les Ciseaux 145

Vingtième leçon

Des battements de jambes par crochets. . . 149

Vingt-et-unième leçon

Assouplissement : Travail des jambes . . . 152
— L'Over Throw 153

Vingt-deuxième leçon

Ceinture japonaise 154
Le Spring. 156

Vingt-troisième leçon

Déséquilibre en brisant la ligne d'équilibre. . 158

Vingt-quatrième leçon

De l'assaut 160
De la veste de jiu-jitsu 164
Du tapis 165
Errata. 167

www.ingramcontent.com/pod-product-compliance
Ingram Content Group UK Ltd.
Pitfield, Milton Keynes, MK11 3LW, UK
UKHW020558180726
13838UKWH00001B/328

9 782329 356747